큰 고난의 산을 넘어서

KB189925

이 소중한 책을

특별히 _____ 님께

드립니다.

큰 고난의 산을 넘어서

강덕병 목사 지음

나침반

머리말

고난의 산 앞에서 낙심하는 이들에게

지난 10여 년 동안 간경변이라는 질병을 앓았다.

3개월에 한 번씩 병원에서 채혈과 초음파 CT검사를 반복하면서 간암으로 진전되지 않도록 기도하며 결과를 볼 때마다 늘 긴장했다.

"천 명이 네 옆에서, 만 명이 네 오른편에서 쓰러질 것이나, 그것이 네게는 가까이 오지 못하리라"(시편 91:7)

이 말씀은 늘 나에게 평안을 가져다주었다.

그러나 2019년 말 "이제는 간 이식을 준비하셔야 합니다"라는 의사의 말을 들었다. 당시의 나는 의학에 무지했다. 그리고 자신이 잘 관리해 주겠다고 자신만만하게 이야기 해놓고 갑작스럽게 이식이라니…. 한편으로는 의사에 대한 배신감도 들었다.

나는 이 일을 어떻게 해결해야 할지 많은 시간 고민했다.

목회자로서 제일 먼저 교회는, 경제적인 부담은, 여러 가지 진행 중인 일들은 어떻게 해야 하는가?

내 일생에 다시 큰 고난의 산이 생겨났다.

'어떻게 이 큰 고난의 산을 넘어갈 수 있을까?'

기도하면서 주님의 자비를 구했다.

어느 날 "주께서는 병상에서 그에게 힘을 돋우시며, 그의 병든 때에 그의 모든 침상을 고치시리이다"(시편 41:3)라는 말씀을 하나님으로부터 약속받으면서 '이 고난의 산을 넘어갈 수 있다'는 확신을 얻게 되었다.

그 후 병원에서 가족들 한 사람 한 사람이 간 이식 적합 검사를 받았는데 둘째 아들은 불합격, 막냇동생도 불합격, 급기야 아내가 나섰다. 감사하게도 아내의 간이 가장 적합했다. 수술 일정을 잡고 여러 가지 준비에 들어갔다.

2020년 3월 16일 오전 8시, 아내가 먼저 수술실로 들어가고 10시경 나도 수술실로 들어가 하나님의 은혜 가운데 간 이식 수술을 마쳤다.

수술 후 4주 동안 병원에 머물면서 회복실에서 중환자실, 그리고 일반 병실로 옮겼다. 면역억제제를 먹으며 이론이나 지식이 아니라 개인적으로 주님이 가르쳐 주신 많은 말씀들 즉, 내가 체험한 말씀들을 퇴원 후 10주에 걸쳐 매 주일마다 내가 섬기는 교회에서 형제자매들과 함께 나누었다. 그리고 그 말씀들을 정리하여 작은 책자가 되어 세상에 나오게 되었다.

고난의 산 앞에서 낙심하고 눈물짓는 사람들에게,
현재 큰 고난의 산을 믿음으로 한 걸음씩
내딛고 있는 사람들에게,
아직 오지 않은 인생의 고난의 산을
미리 염려하여 막연한 두려움 속에 있는 사람들에게,
주님을 좀 더 깊이 사랑하고 하나님께
가까이 다가가고자 하는 사람들에게,
조금이나마 위로와 용기가 되었으면 하는 마음으로, 수 없이 고민하고 망설이다가 세상에 내놓게 되었다.

나를 다시 살려 주셔서 인생의 2막을 시작하게 하신 주님 앞에서 감사하며 이 글이 나올 수 있도록 수고해 주신 모든 분들께 감사를 드린다.

출판을 책임져 주신 나침반출판사의 직원들, 기쁜 마음으로 추천서를 써주신 귀한 은사이자 멘토이신 송용필 목사님, 권혁봉 목사님, 김연택 목사님, 그리스도 안에서 귀한 동역자인 곽창영 목사님, Jim Rathbun과 David Harrop, 오늘이 있도록 기도해 주신 모든 분과 특별히 서울중앙복음교회 모든 성도들, 그리고 나에게 기꺼이 간을 내준 사랑하는 아내와 병상에서 함께 수고한 아들 환국, 환민, 며느리 아라에게 감사를 전한다.

- 창경궁이 보이는 서울대병원 71병동 14호실에서

목차

참고

1. 이곳에 인용된 성경구절은 한글 킹 제임스 성경입니다.
2. 히브리어와 헬라어의 원문은 베들레헴 프로그램의 주석을 인용하였습니다.

힘을 돋우어
주시는 하나님

"주께서는 병상에서 그에게 힘을 돋우시며,
그의 병든 때에 그의 모든 침상을 고치시리이다"(시편 41:3)

큰 고난의 산을 하나님의 은혜와 성도들의 사랑과 기도 속에서 넘고 하나님께 영광을 돌리며 감사를 드린다. 여러 사람이 자신의 간을 주고 싶다고 하였고, 병원에서 간병하고 싶다고 말씀해 주셨다. 또 넘치는 물질로 사랑을 베풀어 주신 형제자매님, 정성스러운 음식, 뜨거운 기도, 깊은 사랑, 과분한 사랑의 빚을 져서 그 은혜를 어떻게 갚아야 할지 모르겠다.

지난 몇 달의 병상 생활이 육신적으로는 많은 고통과 눈물의 시간이었지만 참 은혜로운 시간을 보냈다.
그간 병상에 있으면서 주님이 많은 부분을 가르쳐 주셔서 이 글을 읽는 모든 독자들에게도 부족하나마 새로운 일들이 그들 가운데 일어나기를 간절히 소망한다.

'큰 고난의 산을 넘어서'라는 주제로 앞으로 열 번에 걸쳐 말씀을 나누려고 한다.

첫 번째는 힘을 돋우어 주시는 하나님이다.

입원하기 전 이 말씀을 약속으로 주셔서 마음에 간직하고 수술실로 갔다.

"주께서는 병상에서 그에게 힘을 돋우시며, 그의 병든 때에 그의 모든 침상을 고치시리이다"(시편 41:3)

A. 풀리지 않는 마취상태

간이식 수술은 오전 10시경 시작되었고 오후 6시 20분경 (며느리의 편지를 통해 추후에 확인) 마취가 어렴풋이 깨어 큰 아이의 목소리를 명확하게 들을 수 있었다.

"아빠, 수고하셨어요."

그러나 나의 몸은 전혀 움직일 수 없었다.

오후 6시 20분에 회복실로 옮긴 후 중환자실에서 그 다음날 낮 12시경에 완전히 마취가 풀린 나를 발견하였다.

그 18시간이라는 긴 시간을 기도하며 보냈다.

내가 살아 있음을 알려야 한다는 절박함이 생각 속에 밀려왔지만 몸을 움직일 수 없었고, 점점 시간이 흐르면서 나는 살았는데 몸을 움직일 수 없었기에 '혹 나를 영안실로 보내는 것은 아닌가?'라는 불안한 생각이 내 머릿속을 파

고들었다.

모든 소리가 명확하게 들렸지만, 정신은 또렷했지만 몸은 손가락 하나 움직일 수 없었다.

나는 그날 정말 귀한 사실을 깨달았다.

18시간은 불안과 평안과 기도와 하나님의 도움만을 간절히 간절히 부르짖는 시간이었는데 너무 많은 말씀들이 생각났고 그 말씀들은 나에게 얼마나 귀한 보배였는지 모른다.

"네가 물들을 통과할 때도
내가 너와 함께 있을 것이며,
네가 강들을 통과할 때에도
물이 너를 덮치지 못할 것이라.
네가 불 속을 통과해서 걸을 때에도
타지 않을 것이며,
불꽃이 네 위에서 타지 못할 것이라" - 이사야 43:2

"두려워 말라, 내가 너와 함께함이라.
놀라지 말라, 내가 네 하나님임이라.
내가 너를 강건하게 하리라.
정녕, 내가 너를 도우리라.
정녕, 내가 내 의의 오른손으로 너를 높이리라" - 이사야 41:10

"주가 말하노라.

너희는 나의 증인이요 내가 택한 나의 종이니,

이는 너희가 나를 알고 나를 믿고

내가 그인 것을 알게 하려는 것이라.

내 앞에 지음을 받은 하나님이 없었으며 내 뒤에도 없으리라"

– 이사야 3:10

지금까지 오랜 세월 암송했지만 더 깊은 의미와 체험으로 마음에 와닿았다.

100% 완전히 무기력하고 무능한 나는 단 0.00001%의 힘도 없으면서 '무엇을 할 수 있다'고 생각했던 것이다.

"눈을 떠라"는 소리는 명확히 들렸지만 눈꺼풀을 들어 올릴 수 있는 힘이 없었다.

'내가 이런 존재였나?'

내 마음속에 모든 어두움과 작은 허물도 다 자백하며 걸림이 될 만한 것은 다 십자가의 보혈 앞에 쏟아버렸다.

내 인생에서 제일 긴 기도의 시간이었으며 내 인생을 셀 수 없이 뒤돌아보는 시간이었다.

여전히 청각은 살아 있지만, 몸은 마비된 상태에서 눈꺼풀 하나, 손가락 하나 움직일 수 없었다.

B. 인간의 연약함(사 40:6-7, 15)

하나님은 이사야 선지자에게 부르짖으라고 명령하셨다. 선지자는 '내가 무엇이라고 부르짖으리이까'라고 물어보았을 때 주님은 다음과 같이 부르짖으라고 말씀하셨다.

"그 음성이 말하기를 '부르짖으라' 하였더니
그가 말하기를 '내가 무엇을 부르짖으리이까?' 하였느니라.
모든 육체는 풀이요, 모든 아름다움은 들의 꽃과 같으니라.
풀은 마르고 꽃은 시드나니
이는 주의 영이 그 위에 불기 때문이라.
그 백성은 정녕 풀이로다.
풀은 마르고 꽃은 시드나 우리 하나님의 말씀은 영원히 서리라"

- 이사야 40:6-8

나이가 들수록 모든 인생은 시들고 말라 간다.
풀이 마르고 꽃이 시들듯이 주름이 더해지고 기운이 약해져 모든 것이 메말라 간다.
사람이란 존재가 얼마나 초라한지 세월을 이길 수 있는 사람은 아무도 없다.
또 하나님은 사람에 대하여 이 땅에 존재하는 모든 인류는 통 속의 한 방울의 물과 같다고 하셨다.

"보라, 민족들은 통 속에 한 방울 물 같고,

또 저울의 작은 티끌같이 여겨지느니라.

보라, 그는 섬들을 아주 작은 것으로 여기는도다" – 이사야 40:15

지구상에 70억 가까운 인구가 하나님 보시기에 통 속의 한 방울의 물 같다면 '나'라는 존재는 과연 무엇인가?

얼마나 보잘것없고 미천한 존재인가?

이런 미천한 존재를 위하여 예수님이 죽음을 맛보시려고 오셨다는 것을(히브리서 2:3) 생각하면 감사하지 아니하려야 아니할 수 없다.

이번 일을 계기로 나는 다시는 마비된 상태에 머물고 싶지 않다.

그 시간이 너무나 고통스러웠기 때문이다.

또한 전신마비가 온 사람이나 코마(식물인간) 상태에 있는 사람을 만날 때 더욱 말조심해야겠다는 것을 깊이 인식했다.

C. 힘을 돋우시는 하나님

하나님이 힘을 주시지 아니하면 아무것도 할 수 없는 존재이면서도 스스로 무엇을 할 수 있는 사람이라고 생각하며 살아온 나 자신이 얼마나 교만한 존재인가를 마음속 깊이 깨닫는 시간이었다.

이 세상에서 하나님 없이 무엇인가 할 수 있다고 생각하는 것이 가장 큰 교만이다.

어떤 일들이 나를 통하여 이루어졌다면 주님이 역사하여 그 일들이 이루어졌지만 내가 했다고 생각하며 하나님의 영광을 가로챈 것이 얼마나 많았던가…. 이것이 얼마나 큰 죄인지 다시 생각하니 나 자신이 너무 부끄러워 견딜 수가 없었다.

우리의 인생에 오늘이 있다면 하나님의 은혜이며 내가 누리고 움직이는 모든 것이 하나님의 은혜이며 축복임을 처절하게 경험하는 복된 시간이었다.

시편 기자는 자신의 상태에 대하여 이렇게 고백하였다.
"내 기력이 질그릇 조각같이 말랐으며
내 혀는 잇틀에 붙었나이다.
또 주께서 나를 사망의 진토 속에 두셨나이다" – 시편 22:15

이곳에 '말랐다'는 의미는 수분이 없이 바싹 말라버린 상태이다.

원수들의 위협 앞에서 극도로 나약하고 허약해진 다윗

자신이 쉽게 부서지는 질그릇 조각과 같이 회생(回生) 불능의 상태에 빠져 있음을 보여 준다.

내가 바로 이런 모습이있다.

그 이후 약속대로 서서히 서서히 하나님이 내게 힘을 돋우어 주시기 시작하셨다.

"주께서는 병상에서 그에게 힘을 돋우시며, 그의 병든 때에 그의 모든 침상을 고치시리이다"(시편 41:3).

The LORD will strengthen him upon the bed of languishing: thou wilt make all his bed in his sickness.

'힘을 돋우신다'는 단어의 원문은 'סעד 사아드 saad 떠받치다, 지탱하다, 유지하다, 힘을 돋우다'라는 의미이다. 하나님이 힘을 돋우어 주시며 모든 신체기관이 서서히 아주 조금씩 움직이며 힘이 생기기 시작했다. 그러는 동안 여러 차례 몸이 뜨거웠다 식었다를 반복했다.

청력은 처음부터 살아있었고 혀가 움직이기 시작하고 목이 움직이고 왼쪽 발가락이 하나씩 움직이고 오른쪽 손가락이, 오른쪽 발이, 왼쪽 손가락이 움직이면서 내 몸에 기적이 일어나기 시작했다.

나는 과거에 내 몸이 움직이는 것을 단 한 번도 '기적'이라고 생각하지 않았다. 그러나 모든 것을 들을 수는 있었으나 마취가 깨지 않아 손가락 하나 까딱할 수 없는 상태를 경험하고 나니 몸을 움직일 수 있는 것은 말 그대로 '기적' 이었다. 다시 한번 마비 속에 계신 분들의 그 답답함을 깊이 깨달았다.

눈꺼풀을 들어 올렸다.

'나'라는 존재는 하나님이 힘을 주시지 않으면 눈꺼풀 하나 들어 올릴 수 없는 연약한 존재임을 깊이 체험했다.

손을 조금 움직일 수 있었을 때 손의 소중함을 발견했다.

예수님은 '교회의 머리'라고 하셨고 교회를 '그의 몸'이라고 하셨다. 모든 거듭난 그리스도인은 그 몸의 지체이다. 주님이 내게 손을 움직일 수 있게 하신 것은 주님의 손을 대신하여 그 손으로 한 번 더 병든 자의 손을 잡아 주고, 눈물짓는 자의 등을 한 번 더 따뜻하게 두드려 주라고 주었지만 나는 과거에는 내가 움직일 수 있는 손을 가진 이유를 막연히 '주님을 위하여 사용하라고 주신 것이지'라고 이론으로만 알고 있었다.

손을 움직일 수 있는 기적을 가진 사람으로 지난 날의 나의 손이 얼마나 부끄러웠는지 모른다. 얼마나 어리석은 삶을 살았는지 이 손으로 주님이 하시고자 하는 일을 대신했어야 했는데…, 주님을 더 잘 섬기고 이웃을 돌아보아야 했는데….

나는 입을 움직여 말을 할 수 있었을 때 입의 소중함을 다시 깨달았다. 주님은 이 땅에 입을 가지고 계시지 않기에 우리의 입을 사용하여 복음을 외치고, 하나님의 말씀을 전하며, 가난하고 연약한 자들을 따뜻이 위로하며, 병마와 싸우는 자들에게 용기를 주며, 승리자이신 주님의 사랑을 전달하라고 나에게 입을 주셨으나 지난날 그렇게 산다고는 하였지만 나 자신이 얼마나 부끄러웠는지 모른다.

"의로운 사람의 입은 생명의 샘이나,
악인의 입은 폭력으로 덮이느니라" – 잠언 10:11

발이 움직여지기 시작하면서 복음을 가지고 산을 넘어가는 자들의 아름다움을 생각하게 되었다.

"파송되지 아니하였는데 어찌 전파하리요? 기록된 바와 같이 '화평의 복음을 전하는 자들의 발과 좋은 일들의 기쁜 소식을 전하는 자들의 발이 얼마나 아름다운가!"(로마서 10:15)라고 하였느니라.

주님이 가셔야 할 곳에 한 번 더 찾아가 보리라고 다짐했다.

몇몇 과거의 지체들이 생각났다.

'내가 좀더 따뜻하게 대할 걸, 그들을 향하여 좀더 주님의 마음으로 보살폈더라면…'하는 후회가 막심했다. 조용히 주님께 용서를 구했다. 그리고 퇴원하고 돌아오자마자 몇몇 지체들에게 연락했다. 지난날 내가 더 깊이 사랑으로 대하지 못했던 것에 대하여 용서도 구하고 앞으로 주님을 좀 더 사랑하자고 권면했다.

D. 하나님만 의지하게 하기 위함

"우리는 우리 자신 속에 사형 선고를 받았으니

이는 우리로 우리 자신을 신뢰하지 아니하고

죽은 자들을 살리시는 하나님만을 신뢰하게 하려 함이라"

– 고린도후서 1:9

인간의 연약함의 상징 중 하나가 눈물이다.

마취가 서서히 깨면서 아무 이유 없이 눈물만 흐르기 시작했다. 기도하다 불안해지기도 하였다. 사탄이 쏘는 불붙은 화살을(에베소서 6:16) 믿음의 방패로 싸우며 드디어 18시간의 사투가 끝이 났다. 내 인생의 지난날을 몇 번 뒤돌아보았고 내 마음에 작은 허물, 죄, 어두움, 모든 것을 쏟아내는 정화의 시간이었다. 내 평생 연속으로 그렇게 긴 시간 기도해 본 적이 없었다. 다시 내 육체에 힘을 돋우신 하나

님께 영광과 찬양을 돌린다

나는 오늘도 주님이 힘을 주시지 않으면 눈꺼풀 하나 들어 올릴 수 없는 연약한 존재일 뿐이다.
모든 힘의 근원은 하나님께만 있다.
하나님께만 영원한 힘이 있고 하나님으로부터 영육 간에 힘을 얻는 자는 정말 복 있는 자다.

"너희는 주를 영원히 의뢰하라.
이는 주 여호와 안에 영원한 힘이 있음이라" – 이사야 26:4
"자기의 힘을 주로부터 얻는 사람은 복이 있으니,
그의 마음에 그들의 길들이 있으며" – 시편 84:5

우리가 섬기는 하나님은 무엇이 부족하셔서 우리로부터 섬김을 받아야 되는 분이 아니다. 친히 우리에게 생명을 주시고 호흡을 주시고 만물을 주시는 하나님 없이는 우리는 단 1초도 살아갈 수 없고, 우리의 삶이 유지되는 것은 오직 하나님의 은혜이며 하나님의 허락하심 안에서만 가능하다.

"또한 무슨 필요한 것이 있어서
사람의 손으로 섬김을 받아야 되는 것도 아니시니,

이는 그 분이 친히 만민에게 생명과 호흡과 만물을 주심이라"

다시 겸손한 마음으로 나에게 주신 축복을 기억하며 하나님만을 신뢰하며 손, 발, 다리를 움직일 수 있는 것에 하나님께 대해 뜨거운 감사를 드리며, 그 힘을 주신 하나님의 은혜를 세상을 향하여 베풀고 사랑하고 섬기며 살아가는 나 자신이 되기를 간절히 소망한다.

오늘 영육 간에 힘이 없는 그리스도인이 있는가?
힘을 달라고, 힘을 돋우어 달라고 기도하기를 바란다.
고난의 산을 넘어갈 수 있는 힘,
두려움을 이겨낼 수 있는 힘,
경제적인 어려움에서 벗어날 수 있는 힘….
하나님은 오늘도 우리의 인생 속에 새로운 힘을 돋우어 주시는 분이다.
하나님이 공급하시는 힘으로 충만하고, 풍성한 삶을 살아가기를 축원한다.

힘을 돋우어주시는 하나님 25

하나님 앞에 서다

"여호사밧이 주의 전 새 뜰 앞에서 유다와 예루살렘 회중 가운데 서서 말하기를 "우리 조상의 주 하나님이여, 주께서는 하늘에 계신 하나님이 아니시니이까? 주께서 이방의 모든 왕국들을 다스리지 아니하시니이까? 주의 손에 권세와 능력이 있으므로 아무도 주를 막을 수 없는 것이 아니니이까? 이 땅의 거민을 주의 백성 이스라엘 앞에서 몰아내시고 그 땅을 주의 친구 아브라함의 씨에게 영원히 주신 주께서는 우리 하나님이 아니시니이까?"(역대하 20:5-7)

그리스도인이 깨어 있다는 중요한 증거 중에 하나가 기도 생활이다.

기도는 영적 호흡이고 이 땅에서 하나님의 능력의 손을 움직이는 도구 중 하나다.

그리스도인에게는 기도할 수 있는 특권이 있다.

요즘 기도 생활은 깨어 있는가?

아니면 기도를 쉬는 죄를 범하며 허공을 치는,

무엇을 구하는지 모르는 상태의 기도를 하고 있는가?

각 사람의 기도를 들어보면 그가 어떤 영적 상태를 가지고 있는지 어느 정도는 알 수 있다.

기도의 핵심이 없고 무엇을 구하는지 내용이 없는 막연한 기도는 사탄의 조롱이 있을 뿐이다.

여기 기도 하나를 소개하려고 한다

"여호사밧이 주의 전 새 뜰 앞에서 유다와 예루살렘 회중 가운데

서서 말하기를 ① 우리 조상의 주 하나님이여, 주께서는 하늘에 계신 하나님이 아니시니이까? ② 주께서 이방의 모든 왕국들을 다스리지 아니하시니이까? 주의 손에 권세와 능력이 있으므로 아무도 주를 막을 수 없는 것이 아니니이까? ③ 이 땅의 거민을 주의 백성 이스라엘 앞에서 몰아내시고 그 땅을 주의 친구 아브라함의 씨에게 영원히 주신 주께서는 우리 하나님이 아니시니이까? ④ 그들이 거기 거하며, 거기에 주의 이름을 위하여 주께 한 성소를 건축하고 말하기를 '칼이나, 심판이나, 전염병이나, 기근과 같은 재앙이 우리에게 임할 때 만일 우리가 이전 앞과 주의 임재 안에 서서 (이는 주의 이름이 이 전에 있음이오니) 우리의 고통을 주께 부르짖으면 주께서는 들으시고 도와주시리이다'하였나이다

(역대하 20:5-9)

그는 제일 먼저 하늘에 계신 하나님을 고백하며 하나님의 살아 계심을 믿고 기도를 시작했다.

"하나님께 나아가는 첫 번째 조건이 하나님이 살아계심을 믿고 나아가야 하기 때문이다."

"그러나 믿음이 없이는 하나님을 기쁘시게 할 수 없나니,
하나님께 나아가는 자는 그 분이 존재하시는 것과
그 분이 자기를 열심히 찾는 자들에게 보상하는 분이심을
마땅히 믿어야 하느니라" – 히브리서 11:6

둘째로, 모든 왕국을 다스리시는 하나님을 고백하며 이 세상의 모든 역사는 하나님의 계획과 하나님의 역사하심에 의해 이루어져 간다는 것을 확신하였다. 제국의 흥망성쇠도, 한 나라의 번영과 패망도 개인의 모든 생사화복도 오직 하나님께 있다는 사실을 확신하였다.

"하나님은 전능하신 하나님이시며 어제나 오늘이나 동일하시며 그분의 능력의 손은 결코 짧아지지 아니하신다"(민수기 11:23)는 사실을 확신하고 기도를 시작했다.

셋째로, 이스라엘에게 오늘이 있도록 인도하신 하나님을 고백하며 하나님이 오늘이 있기까지 베풀어 주신 은혜를 기억하며 기도하였다.

넷째로, 그는 하나님의 약속을 하나님께 상기시키고 있다. 주의 이름이 머무는 성전에서, 주님이 계시는 성전에서 기도하면 응답하신다고 약속하지 아니하였는가?

하나님의 존재하심과 내 기도를 들으시는 하나님은 전능하신 하나님이시며 과거에 우리의 조상과 나에게 은혜를 베푸신 하나님이시며 지금도 성전에서 기도하면 반드시 응답하신다는 약속을 하나님 앞에 기억시켜 드리며 기도를 시작하고 있다.

"주님 기억하시죠?"라고 하면서 여호사밧은

기도를 통하여 하나님 앞에 서 있었다.

기도는 이제까지 나열한 그 하나님 앞에 서는 것이다.

기도할 때마다 자신이 하나님 앞에 서 있다는 사실을

기억하는가?

또 여호사밧처럼 기도를 들으시는 하나님이

어떤 하나님이신지 기억하는가?

그리고 분명한 하나님의 약속의 말씀을 가지고

하나님 앞에 서 있는가?

A. 기도는 하나님 앞에 서는 것이다

"온 유다가 그들의 어린 아이들과 아내들과 자녀들과 함께 주 앞
에 섰더라" – 역대하 20:13

하나님 앞에 서 있는 여호사밧과 이스라엘 백성들을
보자.

이스라엘 백성들에게는 분명한 하나님의 약속이 있었다.
하나님은 솔로몬이 성전을 건축한 이후 성전에서 드린 기
도에 대하여 약속해 주셨다.

"내 이름으로 불리는 내 백성이 겸손해지고

기도하며 내 얼굴을 찾고 그들의 악한 길에서 돌이키면

내가 하늘에서 듣고 그들의 죄를 용서하며

그들의 땅을 치유하리라.

이제 이곳에서 하는 기도를 향하여

내 눈이 열리고 내 귀가 경청하리라" - 역대하 7:14-15

이 약속을 이스라엘 백성들은 굳게 믿었기에 다니엘도 바벨론 포로로 잡혀가 총리가 되었지만 매일 바벨론 제국의 서쪽 예루살렘을 향하여 창을 열고 성전을 향하여 기도하였다.

"이제 다니엘이 그 문서가 서명된 것을 알았을 때

그의 집으로 가서 그의 방에서 예루살렘을 향해

창문을 열어 두고,

그가 전에 하던 대로 하루에 세 번씩 무릎을 꿇고 기도하였으며

그의 하나님 앞에 감사를 드렸더라.

그때에 이 사람들이 모였고,

다니엘이 그의 하나님 앞에 기도하며 간구하는 것을

발견했더라" - 다니엘 6:10-11

기도는 하나님의 약속을 굳게 잡고 하나님 앞에 서는 것이다.

우리는 매일 하나님의 은혜를 얻기 위하여 은혜의 보좌 앞으로 나아가 하나님 앞에 서 있어야 한다. 여호사밧이나 다니엘처럼 기도는 온 우주 만물을 창조하신 전능자를 기억하며 그 앞에 도움을 구하러 나가는 것을 말한다.

"그러므로 우리가 은혜의 보좌로 담대히 나아가자.

이는 우리가 자비를 얻고 필요한 때에 도우시는

은혜를 발견하기 위함이라" – 히브리서 4:16

기도할 때마다 거룩하신 하나님, 전능하신 하나님, 자비로우신 하나님, 우리를 늘 긍휼히 여기시는 하나님 앞에 서 있다는 것을 알고 있는가?

모든 기도의 내용은 하나님 앞에서 드린다는 것을 명심해야 한다. 그러므로 하나님 앞에서 기도할 때 함부로 입을 열지 말아야 한다.

"너는 함부로 입을 열지 말며

하나님 앞에서 마음이 조급하게 되어 말을 내지 말라.

하나님은 하늘에 계시고

너는 땅에 있음이라.

그러므로 네 말수를 거의 없게 할지어다" – 전도서 5:2

기도는 하나님 앞에 서서 나의 혼을 들어 올리는 것이다. 나의 마음이 하나님만을 우러러보는 것이다.

"오 주여, 내가 주께 나의 혼을 들어 올리나이다(to lift up)"

– 시편 25:1

"주의 종의 혼을 기뻐하소서.

오 주여, 내가 주께 내 혼을 들어 올리나이다" – 시편 86:4

"아침에 나로 주의 자애를 듣게 하소서.

이는 내가 주를 의지함이니이다.

나로 하여금 내가 가야 할 길을 알게 하소서.

이는 내가 나의 혼을 주께 들어 올렸기 때문이니이다"

– 시편 143:8

기도는 우리의 혼을 하나님 앞으로 들어 올려 우리의 소망과 모든 문제를 해결하실 수 있는 전능자에게 아뢴다는 사실을 기억하기 바란다.

B. 힘이 없을 때 하나님 앞에 서라

"오 우리 하나님이여,

주께서 그들을 심판하지 아니하시겠나이까?

우리에게는 우리를 치러 온 이 큰 무리를 대적할 힘도 없고

어찌할 줄도 알지 못하나, 우리의 눈이 주께 있나이다"

– 역대하 20:12

기도는 내가 힘이 없을 때

어떻게 해야 할 지 막연할 때

내게 더 이상 방법이 없을 때

앞 길이 막연하고 답답할 때

하나님 앞에 서서 내 사정을 정직하게 아뢰며

오직 하나님의 도움을 간절히 구하는 것이다.

시편 기자는 이 부분을 우리의 눈이 '주께 있다'고 표현하고 있다.

"내가 나의 도움이 오는 산을 향하여 내 눈을 들어 올리리니

나의 도움이 하늘과 땅을 지으신 주께로부터 오는도다"

– 시편 121:1-2

하나님 한 분만을 간절히 바라보는 것이다.

아울러 기도는 하나님 앞에 우리의 마음을 물같이 쏟아 내는 것이다.

"밤에 일어나 부르짖으라.
경점이 시작될 때 네 마음을 주의 얼굴 앞에 물같이 쏟고,
모든 길 입구에서 굶주림으로 인하여 실신한 네 어린 자녀들의
생명을 위하여
주께 네 손을 들어올리라" – 예레미야 2:19

"어느 때나 그를 신뢰하라.
너희 백성들아, 너희 마음을 그 분 앞에 쏟아 놓으라.
하나님은 우리를 위한 피난처시로다. 셀라" – 시편 62:8

C. 반드시 응답하시는 하나님

그가 말하기를 "온 유다와 너희 예루살렘 거민과 너 여호사밧 왕아, 너희는 들으라. 주가 너희에게 이같이 말하노라. 이 큰 무리로 인하여 너희는 두려워 말고 놀라지 말라. 이는 싸움이 너희에게 속한 것이 아니라 하나님에게 속하였음이라" – 역대하 20:15

하나님이 여호사밧의 기도에 말씀으로 응답하셨다.

"내일 너희는 그들을 향하여 내려가라.

보라, 그들이 시스 벼랑을 따라 올라올 것이요,

너희가 여루엘 광야 앞 시내의 끝에서 그들을 만날 것이나

너희는 이 싸움에서 싸울 필요가 없으리라.

오 유다와 예루살렘아,

너희는 전열을 가다듬고 서서

너희와 함께 하는 주의 구원을 보라.

두려워 말고 놀라지 말며 내일 그들을 향하여 나가라.

이는 주가 너희와 함께 할 것임이라" – 역대하 20:16-17

말씀으로 응답하셨다.

구약에는 많은 기도의 응답에 대한 약속을 '두려워 말라, 놀라지 말라, 내가 너와 함께 한다'는 말씀이 곳곳에 나타나 있다.

하나님은 약속하신 대로 복병을 두어 모든 적을 쳐부수어 이스라엘에게 큰 승리를 허락하셨다.

"그들이 노래하고 찬양하기 시작하자

주께서 복병을 두시어

유다를 치러 오는 암몬과 모압 자손과 세일 산을

대항하게 하셨으니,

그들이 패하였더라.

이는 암몬과 모압 자손이 세일 산의 거민들을 대적하여 일어나

그들을 완전히 전멸시켰기 때문이더라.

그들이 세일의 거민들을 진멸시킨 후

각자가 서로 죽이니라.

유다가 광야에 있는 망대에 와서 무리를 보니,

보라, 그들이 다 땅에 쓰러진 시체였으며,

아무도 도망한 자가 없더라" - 역대하 20:22-24

인생의 모든 문제의 해답은 하나님께 있다.

현재 형편이 좋고, 모든 것이 잘 되고 있다고 교만하지 않기를 바란다.

현재 내가 어렵고 힘들다고 낙심하지 않기를 바란다.

모든 인생의 걸음은 하나님의 주관 아래 있다.

오늘 웃는다고 계속 웃는 것이 아니고

오늘 울음이 있다고 하여 계속 울지 않는다.

환경은 허상일 뿐이다.

모든 인간사는 하나님의 손에 있다.

27절과 30절을 보면 기쁨이라는 단어와 평안과 안식이라는 단어가 나온다.

"그리하여 유다와 예루살렘의 모든 사람이

여호사밧을 선두로 하여 돌아와 기쁨으로 예루살렘에 다시 갔으니,

이는 주께서 그들로 그들의 석으로 인하여

기뻐하게 하셨음이더라" – 역대하 20:27

"그리하여 여호사밧의 나라가 평온해졌으니,

이는 그의 하나님께서 그에게 주변의 안식을 주셨음이더라"

– 역대하 20:30

하나님이 역사한 곳, 기도의 응답이 일어난 곳에는 반드시 기쁨이 넘치고 평안이 넘친다는 사실을 기억해야 한다. 이것이 기도하는 자에게 주어지는 축복이다.

"지금까지는 너희가 내 이름으로

아무것도 구하지 아니하였으나

구하라. 그러면 받을 것이니

너희 기쁨이 충만케 하려 함이라" – 요한복음 16:24

기도 응답의 기쁨이 늘 넘치는 우리가 되기를 소망한다.

과거 조지 뮬러는 기도 응답의 기쁨 속에서 살았다.

6천 명의 고아를 길러낸 조지 뮬러에게 어느 날 저녁 시

간 주방으로부터 양식이 다 떨어졌다는 연락이 왔다.

그때 뮬러는 "걱정마세요. 식사 종을 치고 아이들을 식당으로 모으세요"라고 말했다.

아이들이 식당에 모이자 빈 접시를 놓고 감사의 식사 기도를 하자고 제안했다. 아이들이 수군대기 시작했지만 뮬러는 아랑곳하지 않고 간절히 기도했다.

뮬러의 기도가 끝나자 한 신사가 큰 박스를 든 인부들과 함께 들어왔다. 그는 "제가 오래전부터 뭔가를 도와드리고 싶었는데 이제 왔습니다"라며 박스를 내려놓았는데 그곳에는 고기, 야채 등 많은 음식이 들어있었다.

하나님은 정확한 시간에 응답하시는 하나님이시다.

뮬러의 인생은 기도 응답의 기쁨으로 넘쳤고, 하나님의 살아계심을 늘 누리며 살았다.

오늘도 사탄은 우리가 기도하는 일을 제일 방해한다.

기도 없는 설교, 기도 없는 전도, 기도 없는 사업, 기도 없는 모든 일 처리에 사탄은 두려워하지 않고 비웃음을 보낸다.

쉬지 말고, 멈추지 말고 기도해야 한다.

사무엘은 "기도를 쉬는 죄를 범하지 않겠다"(사무엘상 12:23)고 하였다.

기도를 쉬는 것은 죄다.

기도 없는 입술에는 찬송이 끊어지고, 감사가 사라지고, 원망, 불평, 시기, 미움의 마음과 말들이 넘쳐나며 마음이 완고해진다.

기도는 우리의 삶에 소망을 가지게 하며, 우리 마음에 평안이 머물게 한다.

"아무것도 염려하지 말고 다만 모든 일에 기도와 간구로

너희의 구하는 것들을 감사함으로 하나님께 알려지게 하라.

그리하면 모든 지각을 초월하시는 하나님의 평강이

그리스도 예수 안에서 너희의 마음과 생각을 지키시리라"

– 빌립보서 4:6-7

"그러므로 우리가 은혜의 보좌로 담대히 나아가자.

이는 우리가 자비를 얻고 필요한 때에 도우시는 은혜를 발견하

기 위함이라" – 히브리서 4:16

근심을 멈추고 하나님으로 일하시게 해야 한다.

기도는 근심을 내려놓고 주님으로 그 일을 대신 처리하도록 하나님의 손을 움직이는 것이다.

기도하는 우리가 되자.

무엇이든지 예수 그리스도 이름으로 기도하자.

우리가 넘지 못할 고난의 산은 없다.

D. 넘지 못할 고난의 산은 없다

"사람이 감당할 수 있는 시험 외에는 너희가 당한 것이 없나니, 하나님께서는 신실하셔서 너희가 감당할 수 있는 것 이상으로 시험을 당하지 않게 하시고 시험을 당하면 피할 길도 마련하셔서 너희로 능히 감당케 하시느니라" - 고린도전서 10:13

우리의 인생 속에 어떤 고난의 산이라도 하나님께서는 우리가 감당할 수 있는 것만 허락하시고 기도할 수 있는 특권이 우리에게 주어져 있는 한 넘지 못할 산은 없다는 것을 확신하기 바란다.

다시 한번 현재 고민하고, 번민하고, 염려하는 모든 고난의 산이 여호사밧이 하나님으로 말미암아 기적을 체험하고 큰 승리를 거둔 것처럼 우리 인생에도 기적이 함께하며 큰 승리의 간증이 넘치시기를 소망한다.

때려서라도
다듬으시는 하나님

"인자야, 보라, 내가 한 번 때림으로써 네게서 네 눈의 욕망을 제거하노니, 너는
슬퍼하거나 울지도 말고 눈물도 흘리지 말라"(에스겔 24:16)

성경에는 복 있는 사람에 관한 말씀이 여러 곳에 기록되어 있다.

시편 1편에서는 '복 있는 자는 악인들의 간계를 따르지 아니하며 죄인들의 길에 서지 아니하며 조롱하는 자들의 자리에 앉지 아니하는 자'라고 하였다.

"자기들의 하나님이 주이신 민족은 복이 있으며,
주께서 자기 유업으로 택하신 백성은 복이 있도다" – 시편 33:12

"그러나 너희가 의를 위하여 고난을 당한다면
복 있는 자들이니
그들의 위협에 두려워하지 말고 동요되지 말라" – 베드로전서 3:14

"보라, 하나님께서 바로잡으시는 사람은 복이 있도다. 그러므로 너는 전능하신 분의 징계를 멸시하지 말라"(욥기 5:17)고 하면서 하나님께서 잘못할 때마다 친히 바로잡아 주는 사람은 복이 있다고 말씀하고 있다.

우리는 아담의 후손으로 태어나면서부터 곁길로 가는 사람들이었다.

시편 기자는 "악인들은 모태로부터 벗어났으며, 그들은 태어나면서부터 거짓을 말하며 곁길로 나간다"(시편 58:3)고 하였다.

우리는 모태로부터 하나님에게서 벗어났으며 거짓을 말하며 곁길로 가는 사람들이었다.

그러나 우리가 거듭나는 순간부터 하나님의 자녀가 되고, 하나님이 친히 우리의 목자가 되신 그날 이후부터는, 우리가 잘못 갈 때마다 바로잡아 주시고, 인생 채찍과 사람 막대기로 우리를 다스리시고 인도하셔서(사무엘하 7:14) 우리는 복 있는 자들로 변화되었다.

"나는 그의 아버지가 되고 그는 나의 아들이 되리니,
만일 그가 죄악을 범하면 내가 사람의 막대기로 그를 징책하고
사람의 자식의 채찍으로 징책하리라" – 사무엘하 7:14

인간이 고의적으로 하나님의 뜻을 거스르거나, 알면서도 죄를 버리지 않고 같은 죄를 반복하여 범하거나, 그리스도인으로서의 간증이 좋지 않아 하나님의 영광을 가리

는 삶을 오랫동안 지속해 살아가게 되면 하나님은 인생 채찍으로 삶 속에서 많은 시련과 고난을 통하여 또는 사람 막대기, 즉 주변의 사람을 통하여 어려움을 겪게 하여 우리를 바로잡으신다.

그러나 그때는 우리에게 많은 고통이 뒤따르고, 아픔과 눈물이 뒤따르고, 시간과 물질도 낭비하게 된다.

"인자야, 보라, 내가 한 번 때림으로써 네게서 네 눈의 욕망을 제거하노니, 너는 슬퍼하거나 울지도 말고 눈물도 흘리지 말라"

– 에스겔 24:16

여기에서 **'때림으로' '쳐서'**에 해당하는 히브리어 '마게파'는 '염병' 또는 '재앙으로 침' 등을 뜻한다.

하나님이 분명하게 말씀하시기를 "내가 너를 때려서"라는 표현을 사용하셨다. 하나님은 이스라엘 백성을 때리기도 하시고, 하나님의 백성인 성도들을 때려서 그들을 바른 길로 인도하기를 원하신다.

하나님이 자신의 백성을 때리는 이유는 무엇일까?

A. 욕망을 제거하기 위하여

이 세상에 속한 모든 것은 육신의 정욕이며 안목의 정욕이며 이생의 자랑이며 이 모든 것은 하나님께 속하지 아니하였고 세상에 속하였으며 세상도 이 땅의 모든 것은 다 사라지지만 하나님의 뜻을 행하는 자만이 영원히 거한다고 하셨다.

> "이는 세상에 있는 모든 것이
> 육신의 정욕과 안목의 정욕과 생의 자랑이요,
> 아버지께 속한 것이 아니라 세상에 속한 것이기 때문이라.
> 세상도, 세상의 정욕도 사라지지만
> 하나님의 뜻을 행하는 자는 영원히 거하느니라"
>
> – 요한1서 2:16-17

구속함을 얻은 그리스도인은 이 세상에 속한 사람들이 아니라 우리의 시민권은 하늘에 있다(빌립보서 3:20).

그러므로 우리는 이 땅의 것을 추구하며 땅의 것을 위하여 살아야 할 사람이 아니라 위에 것을 추구하며, 영원히 썩지 아니할 것을 위하여 살아야 한다(골로새서 3:1-3).

세상 안에서 세상의 것만을 추구하면서 살아가는 하나님

의 백성들을 때려서(징계) 세상은 잠깐이며 영적인 것과 육적인 것 중에 어느 것이 더 소중한가를 깨닫게 하신다.

세상에 있는 모든 것은 잠깐 누리다 모두 내려놓고 가는 허상일 뿐이다.

시편 기자는 많은 사람들의 착각에 대하여 다음과 같이 표현했다.

"이는 어리석은 자들과 잔인한 자들이 죽는 것과 같이

현명한 자들도 죽으며

그들의 재산을 다른 이들에게 남겨 주는 것을 그가 봄이라.

그들은 자기들의 집이 영원히 존속하고

자기들의 처소가 대대로 이어지리라고 속으로 생각하며

자기들의 토지를 자기들 이름으로 부르는도다" – 시편 49:10-11

세상에서 대통령이든지 장관이든지 부자나 가난한자든지는 중요하지 않다. 오직 예수 그리스도를 개인의 구주로 만나 죄 사함을 얻고 구원받은 사람인지, 그렇지 않은 사람인지 두 종류로 나뉘어져서 죽음 이후에는 구원받은 사람은 천당으로 그렇지 못 한 죄인은 다 지옥으로 내려갈 뿐이다. 그 어떤 부귀영화도 그를 따라 가지 못한다.

"누군가가 부해지고 그 집의 영화가 커질 때 너는 두려워 말라.

이는 그가 죽으면 아무것도 가져갈 수 없기 때문이니,

그의 영화가 그 사람을 따라 내려가지 못하리라"

– 시편 49:16-17

지금도 많은 그리스도인들이 이 세상의 것을 잡으려고 세상의 명예, 지위, 부, 성공만을 위하여 분주하게 달려간다. 오해하지 말 것은 그리스도인은 성공하지 말라는 것이 아니며 그리스도인은 정상적인 경제활동을 통해 부자가 되지 말라는 이야기도 아니며 세상에서 출세하지 말라는 것도 아니다.

중요한 것은 그렇게 되어가는 과정과 목적이다.

그 과정이 불의하면 안 된다는 것과 그 목적이 하나님의 영광을 위한 것이어야 한다는 것이다.

자신의 성공만을 위하여 하나님보다 그 어떤 것도 우선시 되어서는 안 된다는 것이다.

또 자기 자신의 안락한 삶을 목적으로 영적인 일보다 육의 것을 추구하며 살아간다면 그것은 잘못된 것이다. 그러나 그 성공의 목적이 하나님의 영광과 주의 사역을 위한 것이라면 그것은 잘못된 것이 아니다.

이 세상의 모든 것을 누렸던 솔로몬은 이렇게 말했다.

"해(sun) 아래 있는 모든 것은 다 헛되고 헛되고 헛되니 모든 것이 헛되다고 하였다"(전도서 1:2).

"또한 자신이 손으로 했던 모든 일들과 수고했던 모든 수고를 보니 모든 것이 헛되고 영의 고통이었고 해 아래서 아무 유익이 없었다"(전도서 2:11)고 고백하였다.

어느 날 주님을 버리고 세상의 욕망에 사로잡혀 세상의 것만을 위하여 살아간다면 그 인생은 잠시 후에 솔로몬과 똑같은 고백을 하게 될 것이다. 그러나 해 아래 있는 모든 것은 다 헛되지만 해(sun) 위에 계신 하나님을 향한 수고와 삶은 결코 헛되지 아니할 것이다.

"그러므로 나의 사랑하는 형제들아,
견고하라, 흔들리지 말라, 항상 주의 일을 넘치게 하라.
이는 너희의 수고가 주 안에서 헛되지 아니한 줄을
너희가 앎이니라" - 고린도전서 15:58

하나님은 당신의 백성들이 세상의 것만을 추구하며 헛된 인생을 살아갈 때는 자기 자녀들을 때려서라도 헛된 삶을 정리하고 영원히 썩지 않는 것을 위하여 올바르게 살아가게 하신다.

영적인 것과 육적인 것 중에 영적인 것의 소중함을 깨닫게 하신다.

B. 숨은 악을 제거하기 위하여

비누와 물로 깨끗하게 씻은 우리의 손을 육안으로 볼 때 깨끗하게 느껴지지만 현미경으로 보면 우리의 생각과 달리 더러운 것을 보게 된다. 우리는 종종 죄에 대하여 감각이 무뎌져 죄가 죄인 줄 모르고 그냥 넘어가는 경우가 많다.

그러나 하나님 앞에서 정직하게 나를 살펴볼 때 많은 숨겨진 허물이 있다는 사실을 발견하게 된다.

요한복음 8장에 간음한 여인을 정죄하던 돌을 들고 섰던 많은 사람들은 율법이라는 법 앞에서는 자신들은 죄 없는 정당한 사람들이라고 생각해서 간음 중에 잡힌 여인을 돌로 쳐 죽일 자로 여겼다(신명기 22:22). 그러나 예수님 앞에서 '죄 없는 사람이 먼저 돌로 치라'고 하신 주님의 음성을 듣자 거기 서 있던 사람들 스스로가 다 동일한 죄인이었음을 발견하고 그 자리를 피하여 사라졌다. 평상시에는 잘 몰랐지만 하나님이 우리를 때리실 때, 징계를 받을 때 우리는 이제까지 자각하지 못했던 많은 숨은 허물을 발견하고 자신을 정결케 하는 축복스러운 시간을 가지게 된다.

　마음속에 아무도 모르게 감추어 놓은 죄, 버리지 아니하고 계속 버려야지 버려야지 하면서 정리하지 않은 죄는 시간이 지체되면 하나님이 반드시 다 드러내신다.

　하나님이 드러내서 수치를 겪게 하기 전에 우리는 스스로 죄 앞에 정직해야 하며 하나님 앞에 마음속 깊이 숨겨 두었던 죄, 계속해서 성령께서 버리라고 오래전부터 말씀해 왔지만 무감각해져서 죄로 여기지 아니하고 자기의 생각으로 합리화한 것을 버리고 하나님 앞에 죄를 토해 내놓고 용서를 구해야 한다.

　한국 사회를 떠들썩하게 하는 N번방 사건이(돈을 내고 성적인 사진과 동영상을 돌려본 사건) 언론의 주목을 받고 수사가 시작되자 40대 가장이 한강에 투신했다. 하나님께서 숨은 어두움을 드러내자 수많은 사람들이 공포 속에서 자신이 드러날까 봐 전전긍긍하고 있다. 적어도 20만이 넘는 사람들이 이곳에 연루되어 있다고 언론은 보도하였다. 그들은 분명히 그것이 죄라는 것을 알았지만 마음속 깊이 숨겨 두었다가 하나님이 드러내시자 하루아침에 수치와 견딜 수 없는 부끄러움 속에서 고통받고 불안에 떨고있다.

"하나님은 빛이시다"(요한1서 1:5)

그분께는 어두움이 전혀 없다. 그러므로 하나님 앞에 드러나지 아니하는 죄는 하나도 없다. 인간이 아무리 마음속 깊이 숨겨 놓아도 하나님 앞에는 숨겨 놓을 장소가 없다. 하나님은 오늘도 우리의 마음을 살펴서 모든 생각을 아시고 모든 상상을 알고 계신다.

"너, 내 아들 솔로몬아,

너는 네 아버지의 하나님을 알라.

리고 온전한 마음과 기쁜 뜻으로 그 분을 섬기라.

주께서는 모든 마음을 살피시고

생각의 모든 상상을 아시나니,

만일 네가 그 분을 찾으면 그가 너를 만나실 것이나,

만일 네가 그 분을 버리면 그가 너를 영원히 버리시리라"

– 역대상 28:9

"그러나 만일 너희가 그렇게 하지 아니하면, 보라,

너희는 주를 거역하여 죄를 지은 것이니

반드시 너희의 죄가 너희를 찾아낼 것임을 알라" – 민수기 32:23

"그 어떤 피조물도 그분 앞에 나타나지 않는 것이 하나도 없나니,

오직 만물이 우리가 회계해야 하는 그분의 눈 앞에

벌거벗은 채로 명백히 드러나게 되느니라" – 히브리서 4:13

우리 마음속의 숨은 교만을 알고 계시기에 아무도 모르게 자기 자신을 과시하거나 자신을 다른 사람들 앞에 실제보다 더 과하게 포장하여 소개하며 그렇게 대접받기를 원하는 마음을 하나님은 다 알고 계신다.

또 하나님 없이 내 힘으로 무엇이든지 할 수 있다고 나를 신뢰하는 숨은 교만에 대하여서도 하나님은 잘 알고 계신다.

우리가 생각하는 악이라는 개념과 성경이 말씀하는 악이라는 개념이 좀 다르다. 내 기준이 내 양심이 악의 기준이 되는 것이 아니고 성경이 모든 죄와 악의 기준이며, 예레미야 선지자는 하나님을 두려워하지 않는 마음과 하나님 이외에 다른 것을 의지하는 것이 악이라고 하였다.

"네 자신의 사악함이 너를 고치며
네 타락이 너를 책망하리니,
네가 주 너의 하나님을 버렸고
나를 두려워함이 네 안에 없음이 악하고 쓰라린 것임을 알고
또 보라. 만군의 주 하나님이 말하노라" – 예레미야 2:19

우리의 중심에 하나님을 두려워함이 없는 것, 하나님을 경외하지 아니하는 것 자체가 악이라 했다.

많은 그리스도인들이 착각하는 것이 있다.

구약의 하나님은 두려우신 하나님이지만 신약의 하나님은 용서의 하나님이시며 자비와 긍휼이 풍성한 하나님이시며, 나의 아버지가 되셨기에 하나님이 두려운 분이 아니라는 착각 속에 빠질 때가 있다.

물론 하나님은 자비로우시며, 은혜로우시며, 긍휼이 풍성한 오래 참으시는 하나님이지만 반드시 알아야 할 것은 하나님은 결코 사람들이 함부로 대할 수 있는 그런 존재가 아니라는 사실이다.

앞으로 그리스도인들은 죄를 용서받았기에 죄의 심판을 다시 받아 지옥가는 일은 없다(요한복음 5:24). 그러나 모든 그리스도인들은 그리스도의 심판석 앞에 서서 우리의 몸으로 선을 행한 것에 대하여, 악을 행한 것에 대하여, 평가를 받고 상급이 주어지며 부끄러움이 주어진다.

성경은 이 말씀을 하고 난 다음 즉시 하나님의 두려우심을 알기 때문이라는 표현을 사용하고 있다(고린도후서 5:11).

주의, 두려우심에 대하여 영어 킹제임스성경에서는 'terror 테러'라는 단어를 사용하고 있다.

공포, 두려움이라는 뜻이다.

고린도후서 7장 1절의 두려움에서는 'fear'라는 단어를 사용하고 있다. 이 단어 역시 공포, 두려움, 무서움이라는 의미이다.

우리는 다시 빌립보서 2장12절을 통하여 구원받은 그리스도인들은 생활 속에서 하나님을 두려워하며 떨며 생활의 구원을 이루어 가야 함을 발견한다. 이곳에서도 'fear and trembling'이라는 단어를 사용했다. 실제로 두려움을 느껴 떤다는 의미이다.

"이는 우리 모두가 반드시 그리스도의 심판석 앞에 나아가서,
선이든지 악이든지, 각자가 자기 몸으로 행한 것들을
받을 것이기 때문이라.
그러므로 우리가 주의 두려우심을 알기 때문에
사람들에게 권유하노라.
그러나 우리가 하나님께 나타내어졌으며
나는 또 너희 양심에도 나타내어졌기를 바라노라"

– 고린도후서 5:10-11

"그러므로 사랑하는 자들아,
우리가 이러한 약속을 가졌으니,
하나님을 두려워함으로 거룩함을 온전히 이루어
육과 영의 모든 더러움에서 우리 자신을 깨끗하게 하자"

– 고린도후서 7:1

"그러므로 나의 사랑하는 자들아,

너희가 항상 복종했던 것처럼 내가 있을 때 뿐만 아니라

내가 없는 지금도 더욱더 두려움과 떨림으로

너희 구원을 온전히 이루라" – 빌립보서 2:12

우리의 중심에 하나님을 두려워함을 잃어버릴 때 우리는 범죄 하며 방자 해지기 시작한다.

늘 하나님 앞에 두렵고 떨림으로 삼가 조심하는 마음으로 서 있는가?

마음속 깊은 곳에 하나님을 두려워하는 마음이 있는가?

하나님은 우리의 숨은 허물과 죄악을 정결케 하시기 위하여 우리를 때려서(징계)라도 바로잡으신다.

숨은 죄를 버릴 때 우리의 마음은 담대해지고, 성령의 기쁨으로 충만해진다. 다시 영적으로 회복되며 은혜로 우리 마음이 강건해지기 시작한다. 하나님이 때리실 때까지 무감각한 어리석은 자가 되지 말고 늘 빛이 되신 주님 앞에서 정결하고 거룩한 삶을 살아서 하나님 앞에서 담대하고 기쁨이 충만한 삶을 우리 모두 가 살아가기를 소망한다.

C. 그리스도를 닮아 가게 하기 위하여

주님은 우리가 복음을 깨닫고 우리 마음의 모든 무거운 죄의 짐을 벗고 난 다음부터는 예수 그리스노를 닮아 가기를 원하신다. 우리가 주님을 닮아 간다는 것은 더욱 겸손해지고 온유해지는 것이다. 이것이 주님의 마음이고 주님의 모습이다. 아울러 성령의 열매를 맺어 가는 것이다.

"수고하고 무거운 짐진 자들아, 다 내게로 오라.

그러면 내가 너희에게 쉼을 주리라.

나는 마음이 온유하고 겸손하니

내 멍에를 메고 나에게서 배우라.

그리하면 너희가 너희 혼에 쉼을 얻으리라" - 마태복음 11:28-29

"그러나 성령의 열매는

사랑과 희락과 화평과 오래 참음과 친절과 선함과

믿음과 온유와 절제니

그러한 것을 반대할 법이 없느니라" - 갈라디아서 5:22-23

날카로운 비판과 판단이 더해지며 완고해지며 스스로 굳어져 가며 자기를 과시하며 거룩함과 화평함에서 멀어지는 것은 주님과 반대되는 것이다. 믿음의 세계는 자기 자신만이 잘 믿는 것이 아니다. 다른 사람과의 관계 속에 원만

하며 좋은 간증을 가지는 것이다. 아름다운 향기를 드러내는 삶이다. 성도가 거하는 곳마다 예수님의 모습이 드러나야 한다. 주님은 종종 우리의 삶 속에서 우리를 때려서라도 우리 육신을 제거하고 다듬으셔서 주님을 닮아 가게 하신다.

D. 하나님께로 가까이 이끌기 위하여

늘 우리의 육신은 하나님을 떠나 살아가기를 원한다. 조금만 방심하면 마음이 흐트러지고 육신의 열매를 맺으며 하나님으로부터 멀리 서 있는 자신을 발견한다.

"이제 육신의 일들은 분명히 나타나나니,
곧 간음과 음행과 더러운 것과 음욕과 우상 숭배와
마술과 원수 맺음과 다툼과 질투와 분노와 투쟁과 분열과
이단들과 시기와 살인과 술 취함과 흥청거림과
또 그와 같은 것들이라.
내가 전에 말한 바와 같이 미리 말하노니,
그런 짓들을 하는 자들은 하나님의 나라를
상속받지 못할 것이라" – 갈라디아서 5:19-21

때로는 너무 무감각하여서 더러워도 더러운 줄 모르고, 잠들어 있으면서도 자는 줄 알지 못하며, 덥지도 아니하고 차지도 아니한 모습을 가지고 살아갈 때가 많다.

우리는 하나님의 음성에 대하여 늘 불순종하며 하나님의 뜻을 거부하며 살아가는 것이 우리의 버릇이다. 선지자는 다음과 같이 표현하고 있다.

"너의 번성의 때에 내가 네게 말하였으나,
네가 말하기를 '내가 듣지 않겠노라'하였도다.
이것은 네가 젊었을 때부터 네 버릇이었으니,
곧 나의 음성에 복종치 아니하는 것이라" – 예레미야 22:21

하나님은 우리가 하나님의 음성을 거부하며 고의적으로 하나님과 멀어질 때 우리를 때려서라도 하나님께 가까이 이끄신다. 이는 하나님을 가까이함이 내게 복이 되기 때문이다.

"보소서, 주로부터 멀리 있는 자들은 멸망하리니,
주께서는 주를 떠나 음행하는 자들을 모두 멸망시키셨나이다.
그러나 하나님을 가까이하는 것이 내게 좋으니,
내가 주 하나님을 신뢰하여 주의 모든 역사를 전파하리이다"
– 시편 73:27-28

이곳에 **'좋으니라(토브)'**는 '좋은, 선한, 즐거운, 선, 이익, 번영'이라는 의미이다.

하나님을 가까이함에는 반드시 번영이 있고, 내게 이득이 되며 내게 축복이 된다. 반면에 하나님과 멀리있는 자들을 '멸망시키셨나이다(차마트)'라고 시편 기자는 표현하고 있는데 그 의미는 침묵시키다(silence), 끝내다(put an end to), 끊다(cut off), 근절하다(exterminate), 파괴하다, 멸망하다(destroy)를 의미한다. '차마트'는 멸망 또는 누군가를 완전히 침몰 시키는 것을 뜻하는 매우 강력한 단어이다

주님과 멀어지는 자는 반드시 멸망할 수밖에 없다.

모든 복의 근원이신 하나님과 끊어진 삶은 메마르고 곤고하며 하나님의 축복에서 멀어져서 그 삶은 간증과 기쁨이 없는, 찬양이 없는 침묵의 삶을 살아갈 뿐이며 마지막은 멸망이다.

하나님은 우리를 때려서라도 세상의 욕망을 제거하시고, 숨은 악을 제거하셔서 우리를 깨끗하게 하고, 주님을 닮아가게 하시고, 주님께로 더욱 가까이 가게 하셔서 모든 사람을 품을 수 있는 큰 그릇으로 성장하기를 원하신다.

하나님이 매를 들기 전에 하나님이 인생 채찍과 사람 막대기로 우리를 다듬으시기 전에 하나님의 계획과 뜻을 미

리 깨닫고 주님께 더욱 가까하는 우리 모두가 되기를 소망한다.

하나님께 가까이하는 것은 복이지만 하나님과 멀어지는 것은 저주이다.

"누구든지 주 예수 그리스도를 사랑하지 아니하면
저주를 받을지어다. 마란아다" - 고린도전서 16:22

"하나님께 가까이 다가가라.
그리하면 그 분께서도 너희에게 가까이 다가가시리라.
너희 죄인들아, 손을 깨끗이 하라.
너희 두 생각을 품은 자들아, 마음을 정결케 하라" - 야고보서 4:8

하나님께 가까이 다가가는 복된 자리에 모두가 서기를 간절히 원한다. 나를 하나님으로부터 멀어지게 하는 것은 무엇이나 정리하고 겸손하게 주님께 우리 모두 가까이 다가가자.

기도한 일에
불평을 말라

"주께서 모세와 아론에게 일러 말씀하시기를 나를 거역하여 불평하는 이 악한 회중을 내가 언제까지 참으랴? 그들이 나를 거역하여 불평하는 바, 곧 이스라엘 자손의 불평들을 내가 들었노라. 그들에게 말하라. 주가 말하노라. 진실로 내가 살아 있거니와, 너희가 내 귀에 말한 그대로 내가 너희에게 행하리니 너희의 시체가 이 광야에 쓰러질 것이며 이십 세 이상으로 너희의 전체 수에 따라 너희 가운데서 계수받은 모든 자, 즉 나를 거역하여 불평하였던 자들은 여푼네의 아들 칼렙과 눈의 아들 여호수아를 제외하고는 내가 너희로 거기에서 살게 하리라고 맹세했던 그 땅에 너희는 절대로 들어가지 못하리라"(민수기 14:26-30)

입원 기간 중(2020년 3월 14일 입원~4월 14일 퇴원)인 4월 2일 너무 충격적인 말을 들었다. 그동안 퇴원을 미루고 계속 병원에 머문 이유가 콩팥 기능이 좋지 않아서 간과 콩팥 모두 치료를 받고 있었는데 간은 이식으로 모든 수치가 정상으로 돌아왔는데도 불구하고, 콩팥 기능은 여전히 회복이 잘되지 않는다는 것이었다.

매일 수액을 맞고 여러 가지 약을 투여하면서 기능이 회복되기만을 기다렸다. 조금 느리기는 했지만 크로아틴 수치가 서서히 5.3에서 4점대로 드디어 3.57까지 내려갔다(정상인의 크로아틴 수치 0.7-1.4). 그런데 갑작스럽게 칼륨 수치가 7.9까지 치솟고 전해질의 균형이 깨져서 칼륨 수치를 낮추려고 약을 6봉지를 먹고, 관장을 하고 링거를 세 번 반복해서 맞으며 칼륨 수치를 낮추려고 시도했지만 실패하였다.

칼륨은 혈압을 유지하고, 근육의 수축과 이완 작용에 영향을 미치는데 "수치가 높아지면 심장근육에 이상이 생겨 심장마비로 사망할 수도 있다"라고 의사가 설명해 주었다. 마지막 방법으로 투석을 해야 한다는 것이었다.

나는 투석에 대하여 잘 몰랐다.

다만 한 번 시작하면 일주일에 2-3회씩 4시간에 걸쳐 평생을 반복해야 한다는 사실을 알고 있었기에 "절대 투석하지 않겠다"고 완강하게 거부했다. 그리고 그렇게 살아가는 것은 너무 불편한 일이고, 활동에 많은 제약이 있기에 "차라리 그렇게 살아야한다면 사는 데까지 살고 주님께로 가겠다"고 강하게 마음을 먹었다.

내가 투석을 거부한다는 소식을 들은 아내는 간을 70%나 잘라 내게 준 수술을 마친 지 16일째 되는 날, 아픈 몸을 이끌고 택시를 타고 급히 병실로 찾아왔고, 아이들 역시 울며 야단법석을 떨었다. 그 가운데 사탄은 내 마음속에서 '왜 계속 콩팥을 회복시켜달라고 기도했는데 이게 무슨 꼴이냐'고 조롱했고, 마음속에 은근히 화를 치밀게 하여 하나님께 "어떻게 이러시냐"고 물어보고 싶은 마음을 강하게 불러 일으켰다.

시간이 얼마 지난 후에야 나는 알았다.

하나님이 나를 치료해 가는 과정인 것을….

그 방법을 통해서 칼륨의 수치를 내리고 몸의 밸런스를 잡아 건강하게 하는 전능자가 하나님이신줄 그때 난 잠시 잊고 있있다.

내가 또 왜 이런 생각에 사로잡혔을까?

나에게 콩팥을 허락하신 능력의 하나님이, 없는 것을 있는 것 같이 부르시고, 죽은 자를 살리시는 하나님이(로마서 4:17) 콩팥 하나 못 살릴까 봐 어리석게도 불평하는 마음을 잠시라도 가졌느냐고 나를 책망하시는 하나님의 음성에 다시 한번 나는 눈물을 흘렸다.

하나님께서 힘을 주시지 않으면 눈꺼풀 하나 들어 올릴 수 없는, 처절하게 무능하고 무가치한 인간임을 깨달았다고 생각했는데, 여전히 내 생각에 사로잡혀 믿음 없는 나의 어리석은 모습에 얼마나 부끄러운지 주님 앞에 마음을 쏟아 놓고 자백하며 하나님의 은혜를 다시 구하기 시작했다.

잠시 후 하나님께 나에게 좋은 것을 주시기를 기뻐하며 내 인생의 모든 것의 주관자이시며 인도자이신 하나님을 마음속 깊이 고백하며, 하나님의 뜻에 항복하고 영상의학과에 내려가서 목에 큰 혈관을 찢고 관을 삽입하고 투석을 시작했다.

그 후 나는 일주일에 세 번 투석 기회를 가졌다.

처음 2시간에서 시작하여 30분씩 늘려 가면서 4시간까지 조용히 누워 있으면서 주님과 교제하며 말씀을 들으면서 너무나 귀한 시간을 가졌다. 그러나 어떤 시간은 너무나 지루하고 4시간을 가만히 누워 기다린다는 것은 너무나 힘들고 고통스러웠다. 그러나 투석 때마다 내가 잊지 않았던 것은 늘 주님은 우리에게 좋은 것을 주시기를 원한다는 것이다.

4월 7일 투석 중 내가 알고 있는 어떤 목사님으로부터 기도 응답의 실화를 들었다.

'Heartbreak Ridge'라고 한 종군 기자가 붙인 이름의 전쟁 이야기다.

1951년 9월 13일부터 10월 15일까지 철원 인근 고지에서 벌어진 미2사단과 프랑스·네덜란드군과 북한군·중공군의 전투로써 미2사단의 병사 3,700명 북한군과 중공군 21,000명의 사상자가 발생한 치열한 전투였다. 이때 확보한 가칠봉은 현재 한국의 21사단이 방어하고 있다.

당시 미군과 북한군과의 격렬한 전투 중 한 미군 병사가 어깨에 총탄을 맞고 가느다란 목소리로 "help, help" 도와달라고 외쳤다.

50m 거리밖에 되지 않았지만 계속 총알이 날아들었기에 그를 구하러 갈 수 없었다.

그때 한 병사가 계속 시계를 보고 있다가, 9시가 되자 그는 그 총알이 쏟아지는 곳을 용감하게 달려가서 그 전우를 구해서 돌아왔다.

전투가 끝나고 치료도 끝나자 그의 상사가 그에게 물어보았다.

"자네는 어떻게 그 위험한 곳을 두려워 하지 않고 전우를 구했는가?"

그가 대답하기를 9시가 되면 매일 어머니가 자신을 위하여 기도한다고 미국을 떠나기 전에 약속하셨기에 어머니의 기도를 믿었기 때문이라고 했다.

그 순간 내 마음속에도 큰 확신이 들었다.

나를 위하여 서울중앙복음교회의 성도들과 곽창영 목사를 중심으로 한 원주복음교회가 기도하고 있고, 미국의 Jim Rathbun을 중심으로 하여 TEAM(The Evagelical Aliance Misiom)이 매일 기도하고, Westover Church에서는 David Horrop 목사를 중심으로 한국을 다녀간 영어 캠프 리더들과 자원봉사자들이 기도하고, Glen Ellyn Bible Church는 John Poster

목사를 중심으로 기도하고, Tim Stafford 선교사(Itaewon Bible Chapel)와 플로리다의 Boulevard Bible Chapel, World Harvest Church(LA 이우천 목사 담임), 오렌지 카운티 생명의말씀사 전인철 목사, Doug Witzig(Team아시아 Director) 선교사, 시카고의 Mary Y. Ann 등 개인적으로 알고 있는 많은 주의 종들과 CIU(Calvin Internation University)는 박종근 총장을 위시하여 이우천 이사장님, 안주영 부총장, 벨기에, 우크라이나 등등 곳곳의 학장들과 교수진들이 기도하고, 김연택 목사, 염일부 목사, 황선문 선교사, 김주경 선교사(현 영국 선교사), 이극범 목사(전 파리 선교사) 등 이름을 다 서술하지 못할 만큼 많은 주의 종들이 기도하고 있는데, 왜 하나님이 우리 모두의 간절한 기도에 응답하지 아니하시겠는가?

"다시 내가 너희에게 말하노니,
만일 너희 중에 두 사람이 무엇이든지 구할 것을 땅에서 합심하면
하늘에 계신 내 아버지께서 그들에게 이루어 주실 것이라.
두 세 사람이 내 이름으로 함께 모이는 곳에는
나도 그들 가운데 있느니라" 하시더라" - 마태복음 18:19-20

"진실로 내가 너희에게 말하노니,
누구든지 이 산더러 '옮겨져 바다에 빠지라.'고 말하고,
그의 마음에 의심하지 않으며

그가 말한 것들이 이루어지리라고 믿으면

말한 것은 무엇이든지 이루어지리라.

그러므로 내가 너희에게 말하노니,

너희가 기도할 때에 바라는 것들은

무엇이나 받은 것으로 믿으라.

그리하면 너희 것이 되리라" - 마가복음 11:23-24

나는 즉시 그 순간 많은 말씀들과 함께 확신을 가졌다.

'이제 됐다. 이제 내 신체의 모든 부분이 치료됐다. 할렐루야!'

감사의 기도를 드리며 조용히 아내와 아이들에게 카톡으로 '이제 모든 것이 끝났다. 하나님이 내게 확신과 함께 기도의 응답을 주셨다'고 문자를 보냈다.

이번 기회에 한편으로 내가 기도한 것은 우리 가족들 모두가 믿음을 배웠으면, 믿음이 더 강해졌으면 하는 것이었다.

큰 아이가 간병할 때 밤에 기회가 주어질 때마다 같이 기도했고 둘째 아이가 간병할 때도 그렇게 했다. 과거에 나는 하나님의 기도의 응답이 먼저 환경을 바꾸어주시기 전에 말씀과 함께 확신과 평안으로 주어지는 것을 여러 번 경험하였다.

'이제는 다 나았구나, 내 발목을 잡고 있었던 간 이식 이후의 끊임없이 매일 차오르는 복수 문제와 콩팥 문제, 상처가 아물지 않아 봉합된 상처를 다시 벌려 그곳을 닦아 내는 아픔 등 한 가지 한 가지가 다 정리되겠구나'라고 확신했다.

마음에 평안이 넘치면서 말씀이 떠올랐다.

"보소서, 화평을 위하여 내가 큰 괴로움을 가졌사오나

주께서 나의 혼을 사랑 가운데 두시어

부패의 구렁에서 건져내셨으니,

이는 주께서 나의 모든 죄를 내 등 뒤에 던지셨음이니이다"

— 이사야 38:17

'이런 화평을 주시기 위하여 지금까지 이런 큰 고통을 주셨구나!'

참 감사했다. 나는 투석실에서 돌아와 설교를 준비하고 다시 글을 쓰기 시작했다.

우리가 섬기는 하나님은 늘 좋은 것을 주시는 하나님이시다.

"너희 가운데 누가 아들이 빵을 달라는데

돌을 주며 생선을 달라는데 뱀을 주겠느냐.

너희가 악하다 할지라도

너희 자녀에게 좋은 선물을 줄 줄 알거든

하물며 하늘에 계신 너희 아버지께서 구하는 자들에게

좋은 것들을 많이 주시지 않겠느냐" - 마태복음 7:9-11

지나고 보니 사람은 얼마나 간사하고 어리석은지….

주님을 섬기면서 기도하고, 기도한 것에 대하여 과정과 결과를 다 하나님께 맡기지 못하고 낙담하고 실망하는 나 자신과 그런 성도들을 보았다. 나는 결코 기도한 일에 대하여서 불평하지 아니하리라고 늘 조심하면서 살았다. 그러나 종종 반복해서 기도하고 하나님에게 푸념 섞인 목소리로 '왜 이렇게 하십니까?'라고 물어보곤 했다. 하나님이 보시면서 얼마나 안타까워 하실까?

신앙생활은 늘 환경과 하나님의 약속의 말씀 사이에서 갈등한다. 분명한 것은 **환경은 허상이지만 약속의 말씀이 실상이다.**

어떤 환경 속에서도 우리가 굳게 붙들어야 할 것은 하나님의 약속의 말씀이다.

환경이라는 바다는 수시로 변하지만 하나님의 말씀은 변치 아니하며 반드시 성취되기 때문이다.

"하나님은 사람이 아니시니 거짓말하지 않으시며,

또 사람의 아들이 아니시니 후회가 없으시도다.

그 분이 말씀하신 것을 행하지 않으시랴?

또한 이르신 것을 이루지 않으시랴?" – 민수기 23:19

민수기 14장은 이스라엘을 정탐하고 돌아온 이스라엘 백성들의 불평에 대하여 "나를 거역하여 불평하는 이 악한 회중을 내가 언제까지 참으랴? 그들이 나를 거역하여 불평하는 바, 곧 이스라엘 자손의 불평들을 내가 들었노라. 그들에게 말하라. 주가 말하노라. 진실로 내가 살아 있거니와, 너희가 내 귀에 말한 그대로 내가 너희에게 행하리니"(민수기 14:27-28)라고 했다.

하나님은 오늘도 우리의 모든 불평을 들으신다.

그리고 그 내용도 정확하게 아신다.

A. 사람의 말을 들으시는 하나님

하나님은 오늘도 이 땅의 모든 사람들의 말을 들으신다.

"그들에게 말하라.

주가 말하노라. 진실로 내가 살아 있거니와,

너희가 내 귀에 말한 그대로 내가 너희에게 행하리니"

– 민수기 14:28

"귀를 심으신 분이 듣지 아니하시겠느냐?

눈을 만드신 분이 보지 아니하시겠느냐?" – 시편 94:9

"가시 히스키아에게 말하라.

네 조상 다윗의 하나님 주가 이같이 말하노라.

내가 네 기도를 들었고 네 눈물을 보았노라.

보라, 내가 네 연수에 십오 년을 더해 주겠노라" – 이사야 38:5

"죄악을 행하는 너희 모든 자들아,

나를 떠나라. 주께서 나의 우는 소리를 들으셨도다.

주께서 내 간구를 들으셨으니

주께서 내 기도를 받으시리로다" – 시편 6:8-9

성경 속에는 사람의 소리를 들으시는 하나님이 수없이 나타나 계시다.

오늘도 하나님은 우리의 모든 대화를 듣고 계신다.

감사의 소리도, 찬양도, 불평도, 원망도 하나님은 다 들으셨다. 광야 이스라엘 백성들의 대표적인 모습이 원망과 불평이었다. 그런 그들은 광야에서 계속 방황하였다.

사랑하는 독자여!

기도하고 불평하고 원망하는 것의 결과는 우리의 영을

곤고하게 한다.

　우리의 영을 낙심하게 하며,

　우리의 삶을 방황하게 한다.

　또한 불평은 하나님을 불쾌하게 한다.

"백성이 불평하므로 그것이 주를 불쾌하게 하였으니,

주께서 그것을 들으시고 그의 진노가 타올랐으며

주의 불이 그들 가운데 붙어서

진영의 맨 끝에 있는 자들을 살랐더라" – 민수기 11:1

불평은 우리의 영을 슬프게 한다.

"내가 하나님을 기억하고 불안하여 불평하였더니,

내 영이 슬픔으로 뒤덮였도다. 셀라" – 시편 77:3

불평은 멸망을 가져온다.

"너희는 그들 중 어떤 사람들이 불평한 것처럼 불평하지 말라.

그들은 그러다가 멸망시키는 자에게 멸망 당하였느니라"

　– 고린도전서 10:10

B. 사람의 말을 들으시고 응답하시는 하나님

하나님은 사람의 말을 들으실 뿐만 아니라 그 말에 반응하신다.

"주께서 모세의 말대로 행하시니
개구리들이 집들과 마을들과 들로부터 나와서 죽더라.
모세의 말대로 행하신 하나님,
즉 사람의 말과 기도에 반응하시는 하나님이다" – 출애굽기 8:13

"그들에게 말하라.
주가 말하노라. 진실로 내가 살아 있거니와,
너희가 내 귀에 말한 그대로
내가 너희에게 행하리니" – 민수기 14:28

"가서 히스기야에게 말하라.
네 조상 다윗의 하나님 주가 이같이 말하노라.
내가 네 기도를 들었고 네 눈물을 보았노라.
보라, 내가 네 연수에 십오 년을 더해 주겠노라" – 이사야 38:5

"내가 재난 가운데서 주를 부르고
나의 하나님께 부르짖었더니

그가 그의 성전에서 내 음성을 들으셨으며

나의 부르짖음이 그의 앞에 이르러 그의 귓가에 들렸도다"

– 시편 18:6

주님은 우리 기도에 반드시 응답하신다.

시간의 차이는 있지만 내가 원하는 시간이 아니라 하나님이 원하시는 때에 하나님의 뜻을 따라 기도에 응답하신다. 그 하나님을 찬양하자.

c. 우리의 입술을 제어하라

오늘도 우리는 우리의 입술을 제어해야 한다.

시편 기자의 고백처럼 내 입술에 파수꾼을 세워달라고 기도해야 한다.

"오 주여,

내 입 앞에 파수꾼을 세우시고

내 입술의 문을 지키소서" – 시편 141:3

우리 입술로 수많은 범죄를 매일 저지른다. 그리고 우리는 입술로 하나님의 많은 축복을 상실하며 살아간다.

믿음의 말과 육신의 말을 가려 하지 않기에 상처를 주고 상처를 받으며 하루하루를 살아간다.

불평은 우리의 영을 낙담하게 만든다.

불평은 사탄이 기뻐하는 영역이고 하나님은 범사에 감사하기를 원하신다.

불평하는 입술에는 축복이 따라가지 않는다.

쓴물과 단물을 동시에 내는 샘이 없듯이 불평은 우리 입의 찬송을 빼앗아 간다.

"하나님은 찬양하는 자를 기뻐 받으시며 이스라엘의 찬양 중에 거하신다"(시편 22:3).

기도하면서 불평하거나 원망하지 말아야 한다.

기도한 일의 모든 결과는 전적으로 하나님께 맡기고 기다려야 한다.

다니엘의 친구들의 위대한 믿음을 본받아야 한다.

"사드락과 메삭과 아벳느고가 왕에게 대답하여 말하기를 「오 느부캇넷살이여, 우리가 이 일에 대하여 왕께 담대히 말하나이다. 만일 그렇게 된다 해도 우리가 섬기는 우리의 하나님께서는 불타는 뜨거운 용광로에서 우리를 구해 내실 수 있으며, 오 왕이여, 그 분께서는 우리를 왕의 손에서 구해 내실 것이니이다. 그러나 만일 그렇게 되지 아니할지라도, 오 왕이여, 우리가 왕의 신들을 섬기지 아니할 것이며, 왕께서 세우신 금상에 경배하지도 아니할 것을 왕께서는 아소서」하더라"(다니엘 3:16-18)

기도는 전능자의 손을 움직이는 도구이다.

쉬지 말고 기도하자.

그리고 기도한 일에 대하여는 불평하거나 원망하지 말자.

응답이 오는 그 순간까지 인내하며 기다리자.

누가복음에는 항상 기도하고 낙심치 말아야 할 일에 대하여 기록한 귀한 내용이다(누가복음 18:1-8).

어떤 성읍에 하나님을 두려워하지도 않고 사람도 무시하는 한 재판관이 있었는데 그 성읍의 한 과부가 매일 와서 자기의 원한을 갚아 달라고 간구하였다.

얼마 동안 그 재판관은 그녀의 요구를 듣지 않다가 계속 귀찮게 하자 그녀의 원한을 갚아주는 이야기가 등장한다.

이 내용을 통하여 하나님을 두려워하지 아니하고 백성을 무시하는 사람도 끈질긴 간구 앞에서 그 마음을 바꾸는데 하물며 자비로우시고 긍휼히 풍성하신 하나님이 왜 계속해서 부르짖는 성도들의 원한을 속히 응답하지 아니하는가를 강조하고 있다. 그러나 주님이 이 세상에 오실 때는 그러한 믿음을 가진 사람을 찾기가 어렵다는 것을 말씀하고 있다.

"하나님께서 자신에게 밤낮 부르짖는 자신이 선택하신

사람들의 원한을 갚아 주시지 않고

그들에게 오래 참고만 계시겠느냐?

내가 너희에게 말하노니 하나님께서는

그들의 원한을 속히 갚아 주시리라.

그러나 인자가 올 때 그가 세상에서 믿음을 찾아볼 수 있겠느냐?"

– 누가복음 18:7-8

시편에도 오랫동안 기다려서 하나님의 응답을 얻은 시편 기자의 고백이 기록되어 있다.

"내가 오래 참고 주를 기다렸더니

그가 내게 귀를 기울이사 내 부르짖음을 들으셨도다.

그가 나를 무서운 구덩이와 진흙 수렁에서 끌어내셔서

내 발을 반석 위에 세우시고

내 걸음을 견고히 세우셨도다.

또 그가 내 입에 새 노래를 두셨으니,

곧 우리 하나님께 드릴 찬양이라.

많은 사람들이 그것을 보고 두려워하며 주를 의지하리로다"

– 시편 40:1-3

"오래 참고 기다렸더니 내게 귀를 기울이시고 내 기도를 들으셨

도다."

● **무서운 구덩이와 진흙 수렁에서** - 질척거리고 혼자 나올 수 없는 두려운 고통의 환경에서

● **주께서 끌어내시고 내 발을 반석 위에 세우시고** - 안전하고 견고한 곳으로 축복하심

● **새 노래를 부르게 하심** - 이전에 경험하지 못했던 은혜를 체험하고 하나님의 선하심을 맛보고 내 영이 과거에 불러보지 못했던 새로운 은혜의 노래를 부르게 하시고

● **그것을 보는 자가 두려워함** - 하나님의 사람들이 누리는 축복을 보고 주변 사람들이 하나님을 두렵게 여기고 성도를 귀히 여기며 살아있는 간증이 나타난다.

이러한 시편 40편 2절과 3절의 축복을 누릴 수 있는 사람들은 40편 1절을 순종하는 자들이다. 기도하며 오래 참고 기다린 사람들이다.

하나님은 오늘도 주를 찾는 자를 버리지 아니하시며
겸손한 자의 부르짖음을 잊지 않으신다.

"주의 이름을 아는 자들은 주를 의지하리니,
이는 주여, 주께서 주를 찾는 자들을 버리지 않으셨음이니이다"
 - 시편 9:10

"그는 피에 대하여 앙갚음하실 때 그들을 기억하시며,

겸손한 자의 부르짖음을 잊지 아니하시는도다" - 시편 9:12

약 40일 동안 나는 소변을 제대로 보지 못했다.

주님이 내 콩팥을 고치신다는 확신이 든 이후에도 계속 소변을 보지 못했지만 그러나 나는 확신했다. 하나님이 나에게 콩팥을 재생시켜 주시고 일주일에 세 번 투석에서 두 번으로 언젠가는 한 번으로 횟수를 줄여 주시고 곧 투석을 끊고 자유롭게 생활하게 하실 것을 확신했다.

약 40일이 지난 이후부터 정상적인 사람의 소변의 양으로 늘려 주셨다. 그리고 서서히 투석횟수를 줄여 주셨다. **하나님은 반드시 믿고 기도한 것에 응답하여 주신다.**

그동안 기도해 준 많은 기도의 동역자들에게 감사를 드린다. 지금도 나는 일주일에 1회~2회의 투석을 하고 있다. 그러나 이 모든 환경보다 살아계신 하나님의 약속이 우선이며 그분의 능력은 오늘도 변하지 않기에 그가 나를 온전히 치유하셔서 영광을 받으신다는 확신은 변함이 없다. 이는 믿고 구한 것은 받은 것으로 알라고 하나님이 약속해 주셨기 때문이다.

"진실로 내가 너희에게 말하노니,

누구든지 이 산더러 '옮겨져 바다에 빠지라.'고 말하고,

그의 마음에 의심하지 않으며

그가 말한 것들이 이루어지리라고 믿으면

말한 것은 무엇이든지 이루어지리라.

그러므로 내가 너희에게 말하노니,

너희가 기도할 때에 바라는 것들은

무엇이나 받은 것으로 믿으라.

그리하면 너희 것이 되리라" - 마가복음 11:23-24

네 믿음 대로 될지어다.

그때 주께서 그들의 눈을 만져 주시며 말씀하시기를 "너희 믿음대로 되라"(마태복음 9:29)

어린아이들처럼 남의 집 초인종을 누르고 도망가는 사람들이 아니라 하나님의 응답이 오는 그 순간까지 낙심치 말고 좋은 것을 주시는 하나님 앞에서 끝까지 응답을 기다리자. 하나님은 반드시 우리의 기도를 응답하시고 자기 귀에 들린 그대로 갚아주신다.

하나님은 오늘도 자기의 약속을 기억하시고 이루시는 신실하신 분이다.

겉 사람은 후패하나
속 사람은 날로 새로워짐

"이런 까닭에 우리가 낙심하지 아니하노라. 오히려 우리의 겉 사람이 썩어질지라
도 우리의 속사람은 날마다 새로워지나니 이는 우리가 잠시 받는 가벼운 환난이
우리를 위하여 훨씬 뛰어난 영원한 영광의 비중을 이루어 가기 때문이라. 우리가
바라보는 것은 보이는 것들이 아니요 보이지 않는 것들이라. 이는 보이는 것들은
잠깐뿐이지만 보이지 않는 것들은 영원하기 때문이라"(고린도후서 4:16-18)

병원에 입원해 있는 동안 병실 복도를 걸으면서 마음도 육체도 많이 약해져서, 하나님의 은혜와 사람들을 생각하기만 하면 눈물이 주르륵 흘렀다. 사람이라는 것이 이렇게 연약하고 초라한 존재임을 새삼 깨달았다. 50년이 넘도록 내가 무엇을 하고자 하였으며 무엇을 할 수 있다고 생각하고 살아왔던 지난날이 부끄러웠다.

시편 기자는 "내 눈물을 병에 담으소서"라고 고백했다.

실제로 이스라엘에는 눈물을 담는 병이 있는데 그 병을 본 적이 있다.

"주께서 나의 방황함을 말씀하시오니,

나의 눈물을 주의 병에 담으소서.

그것들이 주의 책에 있지 아니하나이까?" – 시편 56:8

병상에 있던 한 달 동안 흘린 눈물은 아마도 내 인생 중 가장 많이 흘린 눈물이 아닌가 싶다. 하루라도 눈물 없이

지낸 날이 없는 것 같다. 하나님의 은혜를 생각하면 눈물이 나고, 지나간 세월 나를 이끄신 주님의 손길을 생각하면 눈물이 나고, 수많은 사람들의 사랑과 은혜를 생각하면 눈물이 나고, 육체적으로 너무 고통스러워 눈물이 나고, 걱정하시는 부모님 생각하면 눈물이 나고, 새우 잠을 자며 간호하는 아이들과 집에서 노심초사 기도하고 기다리는 아내를 생각하면 눈물이 나고, 내가 왜 이렇게 되었는가 생각하면 눈물이 났다.

그렇게 나의 마음도 육체도 한없이 나약해져 있었다.
병원에서 수술 후 내 체중은 9kg이나 줄었다.
피부는 노인 피부로 바뀌었고 작은 눈은 큰 눈으로 바뀌었다. 그러나 한 가지 분명한 것은 많은 눈물은 나의 눈을 맑게하고, 나의 영과 혼을 정결케 한다는 사실이었다.

내게 떠오르는 말씀이 한 구절이 있었다.
"이런 까닭에 우리가 낙심하지 아니하노라.
오히려 우리의 겉 사람이 썩어질지라도
우리의 속 사람은 날마다 새로워지나니" - 고린도후서 4:16

A. 겉 사람은 날로 후패해짐

여기서 '겉 사람'은 늙고 병들고 죽는 제한된 육체를 가리킨다. 이에 대조되는 '속 사람'은 복음을 통해 예수 그리스도 안에서 죄 사함을 받아 새롭게 창조된 새사람(에베소서 4:24), 그리스도 안에서 거듭난 심령(로마서 7:22, 고린도후서 5:17, 에베소서 2:5, 골로새서 3:9,10)을 가리킨다.

'겉 사람'은 시간이 흐름에 따라 늙고 병들고 한 줌의 흙으로 돌아간다. 사람들은 노화를 막아보려고 수많은 돈을 들여 연구하고 있지만 세월을 이길 장사는 아무도 없다. 그러나 '속 사람'이 새로워지는 것은 하나님의 말씀을 통해 지식이 새로워지며 결국에는 그리스도의 장성한 분량에까지 이르게 되기 때문이다(에베소서 4:15, 골로새서 3:10).

우리는 겉 사람을 육체적인 사람이라 부르고 속 사람을 영적인 사람이라고 부른다.

늘 우리의 속 사람은 하나님의 법을 즐거워하고 하나님의 뜻을 좇아가기를 원한다.

"내가 속 사람을 따라 하나님의 법을 즐거워하나" – 로마서 7:22

하나님은 오늘도 우리의 겉 사람에는 관심이 없다.

우리의 속 사람이 어떤 상태에 있는가가 중요하다.

B. 겉 사람의 허무함

"그 음성이 말하기를 "부르짖으라." 하였더니

그가 말하기를 "내가 무엇을 부르짖으리이까?" 하였느니라.

모든 육체는 풀이요, 모든 아름다움은 들의 꽃과 같으니라.

풀은 마르고 꽃은 시드나니

이는 주의 영이 그 위에 불기 때문이라.

그 백성은 정녕 풀이로다.

풀은 마르고 꽃은 시드나 우리 하나님의 말씀은 영원히 서리라"

    – 이사야 40:6-8

우리의 겉 사람이 어떤 존재인지 다시 한번 살펴볼 필요가 있다.

이사야 선지자는 우리의 겉 사람은 풀이라고 했다.

그 아름다움은 들의 꽃과 같지만 풀은 마르고 시든다고 말씀하셨다.

손을 한번 보라.

해마다 말라가고 시들어 가고 있지 않은가.

아무리 비싼 화장품을 바르고 풍부한 수분을 함유한 화

장품을 발라도 계속 주름은 늘어 간다.

사막의 열풍(sirocco)이 불어올 때 봄에 피어난 꽃들이 갑작스럽게 시들어버리는 현상을 이스라엘 사람들은 잘 이해하고 있다. 우리의 겉 사람은 잠시 잠깐 후면 마르고 시들어 한 줌의 흙으로 돌아가는 초라한 존재일 뿐이다. 그러나 하나님의 말씀은 영원히 굳게 서 있다. 잠시 있다가 사라질 겉 사람의 영광을 위하여 어리석게 살 것이 아니라 영원한 것을 향한 우리의 삶이 되어야 한다.

"통치자들을 없애며 땅의 재판관들을 헛되게 하시는도다.
정녕, 그들은 심겨지지도 못할 것이요
그들은 뿌려지지도 못할 것이며
그들의 원줄기가 땅에 뿌리를 내리지도 못할 것이니,
주께서 불어 버리시면 그것들은 마르고 회오리 바람에
날려가는 그루터기 같을 것이라" - 이사야 40:23-24

이 세상의 권세와 부도 주께서 불어버리면 겉 사람이 누리는 모든 것이 아무것도 아니다.
사람이라는 존재는 좀 앞에서도 부서져버리는 먼지 같은 존재이며 진흙집에서 살아가는 자들일뿐이다. 흙으로부터 와서 흙으로 돌아가는 연약한 존재일 뿐이다.

"좀(moth[mɔːθ] 나방) 앞에서도 부서져 버리는 먼지에 기초를 둔 진흙집에 사는 자들은 얼마나 덜 신뢰하시겠느냐?" – 욥기 4:19

"그들이 다 같이 흙 속에 눕고 벌레들이 그들을 덮는도다"
– 욥기 21:26

"모두가 한 곳으로 가나니,
모두가 흙에서 왔고 모두가 흙으로 다시 돌아가도다" – 전 3:20

"그러나 우리가 이 보물을 질그릇에 가졌으니,
이는 그 능력의 탁월하심이 하나님께 있는 것이지
우리에게 있는 것이 아님이라" – 고린도후서 4:7

다시 시편 기자는 우리의 겉 사람이 이 땅에 머무는 기간에 대하여 "손 너비만큼 주셨다"고 하였다.

"보소서, 주께서 내 날들을 손 너비만큼 주셨으므로
내 연수가 주 앞에서는 없는 것 같사오니,
진실로 가장 좋은 상태에 있는 모든 사람도 다 헛될 뿐이니이다.
셀라" – 시편 39:5

손 너비. 이에 해당하는 히브리어는 **'테파흐'**인데 손가락을 가지런히 포갠 한 손바닥 폭의 직선 길이로 10-11cm 정도이다. 이것이 우리 인생의 모든 날이라는 것을 기억하자. 만약 우리에게 주님이 계시지 않았다면 우리는 얼마나 허무한 존재인가?

C. 사도의 간절한 기도

감옥에 있었던 바울이 에베소 교회를 향하여 하나님 앞에 기도한 제목 가운데 하나는 성령을 통하여 모든 에베소 교회의 형제자매들의 속 사람이 강건해지는 것이었다.

감옥에 갇혀 있던 바울은 "옥에서 벗어나게 해달라"거나 에베소 교회의 형제자매들이 오늘날 우리가 기도하는 것처럼 물질적인 축복이나, 사업의 번성, 육신의 축복을 간구하지 않았다.

"이로 인하여 내가 우리 주 예수 그리스도의 아버지께

무릎을 꿇고 비노니, 그 분에게서 하늘이나 땅에 있는 모든 가족이

이름을 부여받았느니라.

하나님께서 그의 영광의 풍요함을 따라 그의 성령을 통하여

너희 속 사람 안에서 능력으로 너희를 강건하게 하시고"

– 에베소서 3:14-16

하나님은 오늘도 우리의 겉 사람에 대한 관심보다는 우리의 속 사람이 어떤 상태에 있는지가 중요하다.

오직 바울의 관심도 하나님과 마찬가지로 에베소 교회 형제자매들의 속 사람에 있었다.

속 사람의 강건함은 이 땅에서 겪는 어떤 고난과 시련의 어려움도 다 이겨낼 수 있기 때문이다.

인생의 모든 문제는 하나님과 나와의 관계의 회복을 통하여 해결된다.

많은 사람들은 자신의 방법으로 문제를 해결하려 하고, 자기 지혜를 동원하기에 항상 사탄에게 패하며 어려움이 반복된다.

우리 속 사람의 강건함은 하나님과 나와의 관계 회복은 물론 모든 것을 넉넉히 이기고도 남는다.

우리도 주변의 형제자매들을 위하여 그들의 육신의 것을 구할 것이 아니라 속사람의 강건함을 위하여 기도해야 한다.

현재 당신의 건강 상태는 어떠한가?

이는 속 사람의 상태가 어떠한가 하는 질문이다.

D. 어떻게 속 사람이 강건해질 수 있는가?

1. 죄를 버릴 때

바울은 '성령을 통하여 너희의 속 사람 안에서 능력으로 너희를 강건하게 하시고'라고 했다.

오직 성령을 통하여 속 사람 안에서 능력으로 강건케 된다고 말씀하고 있다.

성령은 어두움이 있는 곳에서는 역사하지 않으신다.

과거 다윗이 밧세바를 범한 이후 자신의 고통스러운 상태를 시편 51편에서 이렇게 표현하고 있다.

① 구원의 즐거움이 사라지고 자원하는 마음이 사라진다.

"주의 구원의 즐거움을 내게 회복시키시고,
주의 자원하는 영으로 나를 붙드소서" – 시편 51:12

주 안에서 기쁨이 사라지고 자원해서 하고자 하는 마음이 사라져 모든 일이 형식적이고 어쩔 수 없이 행하고, 종교심에 의하여 마음은 없고 몸만 왔다 갔다 한다.

② 입술이 닫히고 찬양이 사라진다.

"오 주여, 주께서는 내 입술을 열어 주소서.
그리하면 내 입이 주를 찬양함을 보이리이다" – 시편 51:15

다른 사람과 대화가 사라지며 교제가 없고 전도하던 입술이 닫히고 찬양이 사라짐.

③ 기쁨과 즐거운 소리가 들리지 않는다.

"나로 기쁨과 즐거움을 듣게 하소서.
주께서 꺾으신 뼈들이 즐거워하나이다" – 시편 51:8

설교를 들어도, 성경을 읽어도 말씀이 깨달아지지도 않고 즐겁지 아니하다.
은혜로운 간증을 들어도 관심이 없다.

구원받고 그렇게 기뻐하던 형제자매들이 작은 죄를 범하고 난 다음에 일어나는 현상들이다.
주님은 우리에게 "하나님은 빛이시고 그분에게는 어두움이 조금도 없다"(요한1서 1:5)고 하였다.
사탄의 세계는 어두움의 세계이며 하나님의 세계는 빛의

세계이다.

구원받고 난 다음에 다시 죄를 범하면 주님은 우리에게 약속해 주셨다.

"우리가 우리 죄들을 자백하면

그는 신실하시고 의로우셔서 우리 죄들을 용서하시며,

모든 불의에서 우리를 깨끗하게 하시느니라" - 요한1서 1:9

혹 지금도 죄 가운데 있다면 죄를 버려라.

"그러므로 이제 너희의 결박들이 견고해지지 않도록

너희는 조롱하는 자들이 되지 말라.

이는 내가 만군의 주 하나님으로부터 멸망을 들었음이니,

온 땅에 결정하신 바니라" - 이사야 28:22

선지자는 그들에게 하나님의 말씀을 더 이상 비웃지 말라고 경고한다. 이 말을 듣지 않으면 그들을 압박하고 있는 결박 상태가 가중될 것이다.

뱀이 자신의 먹잇감을 서서히 옥죄어 질식시킨 후 그를 통째로 삼키는 것처럼 죄는 우리의 영적 삶을 결박하기 시작한다.

사탄의 영역에 머무는 시간이 길어질수록 하나님의 말씀을

경히 여기며, 죄를 범하면 범할수록 나를 결박하는 힘이 더하여져서 옴짝달싹하지 못하게 만들어 버린다.

구원은 받았지만 주님 안에서 어떤 열매나 기쁨이 없이 죄에 짓눌려 살면서 사탄의 종으로 살아가게 한다.

속 사람의 연약함은 죄로 시작하며 속 사람의 강건함은 죄를 버리고 빛으로 돌아올 때 강건해지기 시작한다.

2. 말씀과 기도

겉 사람도 매일 음식을 섭취하여 힘을 얻는 것처럼 속 사람에게 하나님의 말씀으로 영양을 공급해주어야 한다.

욥은 일정한 양식보다 하나님의 말씀을 더 귀히 여겼다고 고백하였다.

"내가 그의 입술의 명령에서 돌아서지 아니하였고,
내가 그의 입의 말씀을 내게 필요한 음식보다 더 귀히 여겼도다"
- 욥기 23:12

광야 길을 걸어가던 이스라엘 백성들에게 만나가 그들의 육체에 에너지가 되어 계속 전진해 갈 수 있도록 한 것처럼 그리스도인도 말씀의 만나가 없으면 영적인 삶을 계속 전

진할 수 없다.

① 말씀은 기쁨과 즐거움이 된다.

"주의 말씀들이 발견되었기에

내가 그 말씀들을 먹었더니,

주의 말씀이 내게는 내 마음의 기쁨과 즐거움이 되었나이다.

오 만군의 주 하나님이여,

이는 내가 주의 이름으로 일컬음을 받는 자임이니이다"

– 예레미야 15:16

② 빛을 주며 명철을 허락한다.

"주의 말씀들이 들어가면 빛을 주며,

그것이 우매한 자에게 명철을 주나이다" – 시편 119:130

③ 고난 속에서 우리를 건져주신다.

"그때 그들이 그들의 고통 속에서 주께 부르짖으니,

그가 그들의 고난에서 그들을 구하시는도다.

그가 그의 말씀을 보내시어 그들을 고치셨으며

그들의 파멸에서 그들을 구하셨도다" – 시편 107:19-20

"이 말씀은 나의 고난 중에 나의 위로가 되었으니,

이는 주의 말씀이 나를 소생시키셨음이니이다" – 시편 119:50

"주의 법이 나의 즐거움이 되지 아니하였다면

내가 나의 고난중에 멸망하였으리이다.

내가 주의 법규들을 결코 잊지 아니하리니

이는 주께서 그것들로 나를 살리셨음이니이다" – 시편 119:92-93

속 사람은 말씀을 통하여 강건해진다. 속 사람은 말씀과 기도가 없이는 결코 살아갈 수 없다.

"살리는 것은 영이니, 육은 전혀 무익하니라.

내가 너희에게 한 말들은 영이요, 생명이라" – 요한복음 6:63

하나님은 오늘도 우리가 마리아가 되기를 원하시고 마르다가 되기를 원하지 않는다. 여러 가지 주의 일로 분주하고 요란하여 자신의 속 사람은 허약하여 주를 섬기면서 불평하는 것보다 조용히 주님의 발 앞에 앉아 말씀을 사모하는 주의 자녀를 좋은 것을 선택한 자라고 칭찬하시며 귀히 여기신다.

3. 순종

하나님의 뜻과 하나님의 말씀에 나를 꺾어 순종할 때마다 우리의 속 사람은 강건해지기 시작한다.

"그러므로 너희는 모든 더러움과 넘치는 악을 벗어 버리고,
너희 혼들을 구원할 수 있는, 심겨진 말씀을 온유함으로 받으라.
그러나 너희는 말씀을 행하는 자가 되고,
단순히 듣기만 하는 자가 되어 자기 자신을 속이지 말라.
누구든지 말씀을 듣기만 하는 자가 되고
행하는 자가 되지 않는 사람은
거울로 자기의 타고난 얼굴을 보는 사람과 같으니
이는 그가 자기를 보고는 가서
즉시 자기가 어떻게 생겼는지를 잊어버림이라.
그러나 자유의 온전한 법을 주시하고
그 안에 계속 머물러 있는 자는 듣고 잊어버리는 자가 아니라
오히려 실행하는 자니,
이 사람은 그의 행실로 복을 받으리라" - 야고보서 1:21-25

하나님의 원하심에 내가 순종할 때, 온유한 마음으로 말씀을 받고 행할 때마다 우리의 믿음은 성장하며 하나님의 축복을 누리게 되며 그 결과 우리의 속 사람은 날로 날로

강건하게 된다.

하나님이 사울 왕을 버린 이유가 무엇인지 아는가?

사울의 불순종 때문이었다.

"그러자 사무엘이 말하기를

「주께서 번제와 희생제를 주의 음성에 복종하는 것만큼 크게 기

뻐하시나이까?

보소서, 복종하는 것이 희생제물보다 낫고,

경청하는 것이 숫양의 기름보다 낫나이다.

이는 거역함은 마법하는 죄와 같고

완고함은 행악과 우상 숭배와 같음이니이다.

왕이 주의 말씀을 거역하였기에

주께서도 왕을 거절하여 왕이 되지 못하게 하셨나이다」 하더라"

– 사무엘상 15:22-23

주님은 오늘도 어떤 제물과 제사보다 하나님의 음성에 순종하는 것을 원하시며, 하나님의 말씀을 거역함은 마법하는 죄와 같고 완고함은 우상숭배와 같다고 말씀하셨다. 스스로 하나님의 말씀을 존중하지 않고 버리는 자는 오직 수치를 당하며 하나님으로부터 멀어질 뿐이다.

"내가 주의 모든 계명들을 존중할 때

수치를 당하지 아니하리이다" – 시편 119:6

4. 성령으로 충만하며 하나님만을 의지할 때

"너는 알지 못하였느냐? 영원하신 하나님,

주는 땅 끝들의 창조주시며 피곤치 아니하시며

곤비치 아니하신 분인 것을 너는 듣지 못하였느냐?

그의 명철은 한없이 깊으시도다.

그는 곤비한 자에게 힘을 주시며

무력한 자에게 힘을 더해 주시나니,

젊은이들일지라도 곤비하고 피곤하며

청년들이라도 넘어지나,

오직 주를 앙망하는 자는 자기의 힘을 새롭게 하리니,

마치 독수리가 날개로 치솟는 것 같을 것이요,

그들이 달려도 피곤치 않으며 걸어도 곤비치 아니하리라

– 이사야 40:28-31

성령의 충만을 갈구하며 성령의 인도를 얻는 삶을 지속적으로 살아가자.

"성령을 소멸치 말아야 한다"(데살로니가전서 5:19).

하나님은 오늘도 잠시 있다가 사라질 흙에 불과한 겉 사람에 관심이 없다. 모든 그리스도인의 속 사람이 강건해지기를 원하신다.

죄를 버리고, 말씀과 기도로 살아가며, 나를 꺾어 주님의 뜻에 순종하고, 하나님만을 의지하는 성령 충만한 삶을 살아 늘 속 사람이 성령의 능력으로 강건해지기만을 간절히 소망한다.

싫어 버리지 아니함

"내가 너를 땅 끝들에서부터 취하였고 거기의 귀한 사람들
로부터 너를 불러서 네게 말하기를 "너는 나의 종이라. 내가
너를 택하였고 버리지 아니하였도다" 하였노라"(이사야 41:9)

주님을 섬기는 사람들이 사탄에 의하여 종종 시험에 드는 문제 중 하나가 '혹 하나님이 나를 버리신 것은 아닐까?'라는 의문이다.

기도의 응답이 늦어질 때, 삶 속에 아무 변화가 없을 때, 분주히 움직이지만 열매가 없을 때, 고난이 반복되어 삶을 엄습할 때, 우리는 '하나님이 나를 버리신 것은 아닐까?'라는 생각에 사로잡힐 때가 있다.

하나님은 우리를 절대로 버리지 않으시지만 우리 스스로 시험에 든다.

과거 다윗도 우리와 같은 사람이었기에 우리와 똑같은 시험에 든 적이 있다.

"오 주여, 언제까지 주께서 나를 잊으려 하시나이까?
영원히 하시려나이까?
언제까지 주께서는 주의 얼굴을 내게서 숨기려 하시나이까?
언제까지 내가 내 혼과 의논해야 하며,

날마다 내 마음에 슬픔을 지녀야 하리이까?

언제까지 내 원수가 나를 누르고 의기양양 하겠나이까?

오 주 나의 하나님이여, 내게 유념하시고 내 말을 들어주소서.

나의 눈을 밝히셔서 나로 죽음의 잠을 자지 않게 하소서"

– 시편 13:1-3

다윗은 당시에 하나님이 자신을 잊은 것 같고 잘못하면 영원히 잊어버릴 것 같았다.

하나님이 자신에게서 얼굴을 감추셨고 마음에 슬픔이 가득했다.

원수에게는 패배한 것 같고 죽을 것 같은 상태였다.

하나님이 자신을 버린 것은 아닐까, 그의 마음속에 깊은 의문이 있었을 것이다.

"오 주여, 깨소서. 어찌하여 주무시나이까?

일어나소서.

우리를 영원히 버리지 마소서.

어찌하여 주의 얼굴을 가리시며

우리의 고난과 압제를 잊으시나이까?

우리의 혼은 진토에 구부러졌고 우리의 배는 땅에 붙었나이다.

일어나 우리를 도우소서. 주의 자비하심으로 우리를 구속하소서"

– 시편 44:23-26

시편 44편에서도 하나님이 자신을 잊은 것은 아닌지 시편 기자의 삶 속에 오랫동안 감추어져 있어 슬픔 속에 다니고 있었다. 주님께 다시 자신을 기억해 달라고, 주의 은혜로운 얼굴을 비추어 달라고 간구하고 있다.

주님이 잠시 우리의 삶 속에서 얼굴을 감추시고 우리를 잊으신 것 같지만 하나님은 결단코 우리를 버리지 않으신다.

다만 우리의 의심일 뿐이다.

결코 하나님은 우리를 버리지 않으신다.

하나님은 이스라엘을 애굽으로 보내서서 430년이 찰 때까지 기다리고 계셨지 이스라엘 백성을 결코 잊어버린 것이 아니셨다. 바벨론의 70년 포로 생활 동안에도 하나님은 이스라엘을 버린 것이 아니라 그들을 기억하고 하나님의 시간표를 따라 기다리고 계셨다.

우리는 하나님이 나를 버린 것 같은 생각이나 느낌 속에 젖어 들 때가 있지만 이것은 사탄이 우리를 시험하는 것이지 결코 주님이 우리를 버린 것이 아니다.

이 시간은 하나님의 계획이 이루어져 가는 과정일 뿐이다.

"내가 너를 땅 끝들에서부터 취하였고

거기의 귀한 사람들로부터 너를 불러서 네게 말하기를

"너는 나의 종이라. 내가 너를 택하였고

버리지 아니하였도다" 하였노라" - 이사야 41 : 9

하나님은 이스라엘을 결코 싫어하여 버리지 아니하신다
(개역개정 성경에는 "싫어하여 버리지 아니한다"고 번역됨).

사람들은 빵 한 조각에 범죄 하는 연약한 존재이기에 사랑하고 미워하기를 반복하고, 버리고 버림을 받는 일이 다반사(茶飯事)이지만 하나님의 사랑은 영원하며 변함이 없기에 사람들의 사랑과 근본적으로 다르며 끝까지 우리를 사랑하신다.

"사람의 외모를 존중하는 것은 좋지 않으니,

이는 한 조각 빵을 위해서도 그 사람은 범죄하기 때문이라"

- 잠언 28 : 21

"유월절 전에 예수께서 이 세상에서 떠나

아버지께로 가야 할 자기 때가 된 것을 아시고

세상에 있는 자기 사람들을 사랑하시되

그들을 끝까지 사랑하시니라"- 요한복음 13 : 1

과거 이스라엘을 싫어하여 버리지 아니한 하나님께서 오늘날은 거듭난 그리스도인들을 주님 품에 돌아갈 때까지 자기의 사람들을 끝까지 사랑하시며 결코 버리지 아니하신다.

성경 속의 인물들을 통하여 좀 더 살펴보자.

A. 하나님의 사명을 고의적으로 거부한 요나

하나님의 마음은 좌우를 분별치 못하는 니느웨 성의 12만 명이나 되는 사람들이 회개하고 하나님께로 돌아오기를 간절히 원하셨다(요나 4:11). 만약 그들이 회개치 아니하고 죄 가운데 계속 거한다면 큰 성읍 니느웨는 멸망 당하고 말 것이다(요나 1:2).

하나님의 마음이 불타서 한 선지자를 세웠다.

그 이름이 요나였다. 그러나 요나의 마음은 하나님의 마음과 너무나 달랐다.

"니느웨로 가라"고 하나님은 사명을 주셨지만 그는 의도적으로 반대편인 다시스로 가는 배에 올라 하나님의 뜻을 거슬렀다. 성경은 그가 의도적으로 하나님의 면전에서 피하여(요나 1:3) 다시스로 가는 배에 뱃삯을 지불하고 고의적으로 불순종하였다고 표현하고 있다.

요나의 마음속에는 니느웨 백성이 회개하고 하나님께로 돌아오는 것을 원치 않았다(요나 4:1-2).

하나님의 자비와 은혜 베푸심에 분노하며 오히려 심판이 임하기를 바라는, 하나님의 마음과 정반대의 마음을 가지고 도망간 요나는 여러 가지의 우여곡절 끝에 겨우 니느웨에 도착하여 삼일 길이나 되는 큰 성읍이었지만 겨우 하룻길을 걸어가며 40일이 지나면 니느웨가 무너진다고 부르짖어 하나님의 뜻을 전파했다(요나 3:4).

우리 같았으면 이런 종은 버림받아야 마땅할 것이다.

그러나 하나님은 요나를 버리지 않으시고 첫 번째 사명을 고의적으로 거부하였지만 그를 위하여 폭풍을 준비하시고, 큰 물고기를 준비하시고, 두 번째 말씀을 주사 다시 그 사역을 감당하게 하셨다(요나 3:1).

하나님이 요나를 버리지 않으신 것처럼 혹 우리 가운데 이제까지 하나님의 음성을 고의적으로 불순종하며 하나님의 뜻을 거스르며 살았던 사람이라 할지라도 하나님은 그를 다시 사용하고자 기다리고 계심을 기억하기를 바란다.

분명히 예수 그리스도의 피로 죄 사함을 얻어 거듭난 확신을 가지고 있다면, 하나님은 자기의 자녀를 절대로 버리지 않으신다.

하나님은 구원받은 그리스도인들에게 은사를 주셨고 그들을 직접 불러 구원하셨다.

하나님의 은사와 부르심에는 결코 후회가 없으시기에 하나님이 의인을 버리는 일은 결코 없다.

"이는 하나님의 은사와 부르심에는 후회가 없으심이니라"

– 로마서 11 : 29

B. 예수님을 부인한 실수투성이 베드로

우리가 잘 아는 베드로는 누구보다도 성격이 괴팍한 사람이었다.

혈기왕성한 사람이었고 실수가 많은 사람이었다.

예수님을 잡으러 온 사람 중에 말고의 귀를 잘라버리기도 했다(마태복음 26:51).

절대로 예수님을 부인하지 않겠다고 호언장담 했지만 그는 예수님을 세 번이나 부인했다.

"베드로가 대답하여 주께 말씀드리기를

「설령 모든 사람이 주로 인하여 실족할지라도

나는 결코 실족하지 아니하겠나이다」라고 하니

예수께서 그에게 말씀하시기를 「진실로 내가 네게 말하노니,

오늘 밤 닭이 울기 전에 네가 나를 세 번 부인하리라」고 하시

더라.”

베드로가 주께 말씀드리기를

“「설령 내가 주와 함께 죽을지언정

주를 부인하지 아니하겠나이다」라고 하니

다른 제자들도 모두 그렇게 말하더라” – 마태복음 26:33-35

그러나 베드로는 잠시 후 멀찍이 주님을 따라가다가 세 번이나 예수 그리스도를 부인하였다(마태복음 26:70,72,74).

오늘날 우리 가운데도 베드로와 같이 지키지 못할 약속을 육신을 따라 하나님 앞에 서원하고 후회하며 갈등하고, 또 같은 실수를 반복적으로 범하여 하나님 앞에 부끄럽고 사람들 앞에 하나님의 영광을 가리는 삶을 살고 있는 그리스도인이 있다 할지라도 하나님은 그가 한 줌의 흙이요 잠시 후에는 사라질 먼지에 불과함을 잘 아시고 언제라도 그가 하나님의 품으로 돌아오면 항상 그를 버리지 않으시고 받아주시며 다듬으셔서 하나님의 나라에 귀한 일꾼으로 삼으셨다.

베드로를 버리지 않으신 하나님은 오늘도 실수투성이며 혈기

왕성하여 반복된 실수를 저지르는 그리스도인이라 할지라도 절대로 버리지 않으신다.

C. 육신의 연약함으로 하나님의 일에 큰 차질을 빚고 도망간 마가 요한

마가 요한은 바울과 바나바가 1차 전도여행을 떠날 때 수종자로 따라 간 사람이다(사도행전 13:5).

그러나 잠시 후 마가 요한은 바울을 따라간 전도여행이 너무나 힘들어 중간에 포기하고 팜필리아에서(사도행전 15:38) 예루살렘 자기 집으로 돌아가고 말았다. 적어도 다락에 120명이나 되는 사람이 앉을 수 있는 큰 집을 소유한 부잣집 아들로 살아온 마가 요한에게는(사도행전 12:12) 전도여행 자체가 너무나 힘든 일이었다.

그가 예루살렘으로 돌아감으로써 전도여행에 큰 차질이 생겼고, 후에 바울과 바나바는 마가 요한 때문에 심한 의견 대립이 있어 서로 갈라지게 되었다(사도행전 15:39).

바울과 바나바의 사이를 갈라 놓고 전도 사역에 큰 차질을 빚은 마가 요한이었지만 하나님은 그를 버리지 아니하셨고 그를 다듬으셔서 마가 복음을 기록하게 하셨고, 후에 바울은 그를 향하여 나에게 필요한 사람이니 그를 데려오라고 성경은 기록하고 있다(디모데후서 4:11).

혹 자신의 실수로 하나님의 사역에 큰 손해가 나고, 차질이 생겼기에 하나님이 자신을 버리실 거라거나 하나님이 내 기도에 응답하지 않으실 것이라고 생각하며 사탄의 음성에 속아 살아가는 사람이 있는가?

하나님은 어떤 허물과 죄라도 용서 못 할 것이 없다. 예수 그리스도의 보혈의 바다는 얼마나 크고 넓은지 인간이 아무리 크다고 생각하는 죄와 허물도, 보혈의 큰 바다에 작은 성냥불 하나도 못된다.

하나님은 오늘도 어떤 실수도 허물도 겸손히 하나님 앞에 아뢰고 주께 돌아오는 사람을 버리지 아니하고 용서하시며 그를 통하여 다시 새로운 역사를 이루어 가신다.

D. 돌아오는 자를 회복시키시는 하나님

우리는 성경 속에서 이방 여인의 이름으로 된 성경을 만날 수 있다.

롯기다. 이 롯기의 배경은 엘리멜렉과 나오미와 말론과

킬리온이 베들레헴에 기근이 들자 하나님을 버리고, 하나님의 말씀을 버리고 모압으로 내려가는 것으로부터 시작된다(룻기 1:2).

그들은 모압에서 잠시 지내다가 엘리멜렉이 죽었고 두 아들도 세상을 떠나자(룻기 1:3) 나오미와 맏며느리 오르파와 둘째 며느리 룻만 남게 되었다. 나오미는 하나님의 손이 자기를 치셨다고 깨닫고(룻기 1:13) 다시 베들레헴으로 돌아오는 이야기다. 맏며느리인 오르바는 자기의 신과 자기의 백성을 찾아 떠났고, 룻은 시어머니인 나오미와 함께 하나님과 하나님의 백성에게로 돌아오는 이야기이다.

KJV(King James Version)에서 오르바는 룻 1장15절에서 오르바는 우상을(god) 쫓아갔고, 룻은 하나님을(God) 쫓아 나오미와 함께 베들레헴으로 돌아왔다. 하나님께로 돌아온 룻과 우상에게로 돌아간 오르바의 인생은 후에 큰 차이가 났다. 한 사람은 모압 여인으로 성경에 다시는 기록이 없지만 똑같은 환경의 이방여인이었지만 하나님께로 돌아온 룻은 하나님이 놀랍게 축복하셔서 예수님의 족보 속에(마태복음 1:5) 기록되는 영광을 누리게 되었다.

Ruth 1:15-16 And she said, Behold, thy sister in law is gone back unto her people, and unto her gods: return thou after thy sister in law. And Ruth said, Intreat me not to leave thee, or to return from following after thee: for whither thou goest, I will go; and where thou lodgest, I will lodge: thy people shall be my people, and thy God my God:

나오미가 베들레헴으로 돌아오게 된 결정적인 이유 중에 하나는 하나님이 자기 백성에게 양식을 주셨다는 소식을 들었기 때문이다(룻기 1:6). 잠시 동안 기근이 들었던 베들레헴이었지만 하나님은 자기의 백성을 버리지 아니하시고 찾아오셔서 그들에게 다시 은혜를 베풀고 축복하셨기 때문이다.

룻기 1장6절에서 주께서 어떻게 그분의 백성을 찾아보시어(the LORD had visited his people) 그들에게 양식을 주셨는지 그녀가 모압 지방에서 들었다고 표현되어 있다.

'주께서 그분의 백성을 찾아보시어'를 원문에서는 '파카드'라는 단어를 사용하였는데 그 의미는 '관심을 가지다, 돌보다, 방문하다(출 3:16), 탐색하다(시편 17:3), 살피다(사무엘상 17:18)'라는 뜻이다(카리스 종합주석 룻기강해 p.551 참고). 하나님은 자기의 백성을 버리지 아니하시고 늘 주의를 기울이시며 그들을 살펴보고 계신다.

하나님은 자기의 백성을 버리지 아니하신다. 그가 분명히 거듭나 하나님의 자녀가 되었다면 하나님께서 그를 일찍 주님의 나라로 데려가시는 일은 있을지라도 예수 그리스도의 피 값을 지불하고 사신(고린도전서 6:19-20, 7:23, 사도행전 20:28) 자기 백성을 버리지 않으신다.

하나님께로 다시 돌아온 탕자를, 삼손을 버리지 아니하셨던 주님은 자기 백성을 사랑하시되 끝까지 사랑하신다.

"내가 어려서부터 지금 늙기까지
의인이 버림받거나 그의 씨가 걸식함을 아직 보지 못하였도다"
– 시편 37:25

"주의 이름을 아는 자들은 주를 의지하리니,
이는 주여,
주께서 주를 찾는 자들을 버리지 않으셨음이니이다" – 시편 9:10

"내가 너를 땅 끝들에서부터 취하였고
거기의 귀한 사람들로부터 너를 불러서 네게 말하기를
"너는 나의 종이라. 내가 너를 택하였고 버리지 아니하였도다"
하였노라" – 시편 41:9

"가난하고 궁핍한 자들이 물을 구하는데,

물이 없어서 그들의 혀가 갈증으로 덮이면

나 주가 그들을 들을 것이며

나 이스라엘의 하나님이 그들을 버리지 아니할 것이라"

– 시편 41:17

사랑하는 독자여!

구약의 제물을 드리는 자는 다 흠이 있었지만 흠 없는 제물을 가지고 하나님 앞에 나아갔던 것처럼, 오늘도 하나님이 나를 버리지 아니하시고 받으시는 것은 내가 흠이 없기 때문이 아니라 흠 없는 예수 그리스도를 보시고 하나님은 흠 있는 나를 받으시기 때문이다.

그러므로 하나님은 절대로 우리를 버리지 않으신다.

"유월절 전에 예수께서 이 세상에서 떠나

아버지께로 가야 할 자기 때가 된 것을 아시고

세상에 있는 자기 사람들을 사랑하시되

그들을 끝까지 사랑하시니라" – 요한복음 13:1

하나님은 결단코 자기 백성을 싫어 버리지 않으신다.

오늘 어떤 이유에서든지 사탄에게 속아 하나님이 나를 버린 것은 아닌지 오해하지 않기를 바란다.

기도의 응답이 속히 오지 않은 때, 인생 속에 고난이 연속적으로 반복될 때, 하나님의 음성이 들리지 않을 때, 사업이 어려워지고 환경이 나빠질 때, 결코 하나님의 사랑이 변했다고 우리 귀에 속삭이는 사탄의 음성에 미혹되지 않기를 바란다.

하나님이 하나님의 뜻을 거스른 요나를, 늘 실수 투성이였던 베드로를, 하나님의 사역에 큰 차질을 빚게 만들었던 마가 요한을 버리지 않고 그들을 다시 사용하시고 축복하셨던 것처럼 하나님은 언제나 자기 백성이 주께로 돌아오기만 하면 어떤 실수와 허물에서도 그를 용서하시고 다시 받으셔서 그를 축복하시며 회복하신다는 사실을 우리는 잊지 않기를 바란다.

다시 한번 거듭난 그리스도인들이여, 우리는 하나님이 가장 비싸게 예수 그리스도의 보배로운 피로 사신 바 된(사도행전 20:28, 베드로전서 1:18-19) 하나님의 백성(자녀)임을 기억하며 하나님의 은혜에 찬양하며 하나님께 좀 더 가까이 나아가기를 소망한다.

하나님의 음성과 믿음의 삶

"내가 오늘 너희에게 명하는 나의 계명들을 너희가 열심히 청종하고 주 너희 하나님을 사랑하며, 너희 마음을 다하고 너희 혼을 다해 그를 섬기면, 내가 그 때를 맞추어 너희에게 이른 비와 늦은 비를 너희 땅에 내릴 것이니, 네가 네 곡식과 네 포도주와 네 기름을 거둘 것이요, 또 내가 네 가축을 위하여 네 들에 풀을 보내리니, 네가 먹고 배부르리라"(신명기 11:13-15)

아담의 자손으로 태어나면서부터 죄인이 되어 하나님의 뜻을 불순종하며 곁길로 갔던 인생이 우리의 인생이었다.

"악인들은 모태로부터 벗어났으며,

그들은 태어나면서부터 거짓을 말하며 곁길로 나가는도다"

– 시편 58:3

그때는 하나님과 우리 사이에 죄가 가로막혀 하나님과의 교제가 전혀 없었고, 우리의 영은 죽어 있었다(이사야 59:2, 에베소서 2:1). 그러나 하나님의 자비하심으로 복음을 통하여 우리의 죄가 십자가에서 어떻게 처리되었는가를 명확히 내 마음속에 믿고 깨닫는 즉시 우리는 하나님의 자녀가 되고 거듭나는(베드로전서 1:3) 확신을 갖게 된다.

그때부터 성도의 삶 속에는 특별한 변화가 생기는데 이는 하나님의 음성을 들을 수 있는 귀와 하나님의 말씀을 좇아 한 걸음 한 걸음 예수님을 따라가고자 하는 마음이 일어난다. 분명하게 말하고 싶은 것은 거듭난 그리스도인에게는 귀와 발에 특별한 변화가 일어난다는 사실이다.

"내 양들은 내 음성을 들으며
나는 그들을 알고 그들은 나를 따르느니라" – 요한복음 10:27

"그가 자기 양들을 이끌어 낸 후 양떼 앞에서 걸어가면
양들이 그를 따라가나니
이는 양들이 그의 음성을 알기 때문이라.
그러나 그들이 낯선 사람은 따라가지 아니하고
오히려 그에게서 달아나나니,
이는 그들이 낯선 사람의 음성을 모르기 때문이라"

– 요한복음 10:4-5

믿음의 삶은 하나님의 음성을 듣고 행하는 삶이다.
엘리야의 절망과 영적 침체에서 그를 건져낸 것은 기적과 이적이 아니라 그에게 들려진 세미한 하나님의 음성이었다.

당신은 언제 하나님의 세미한 음성을 들었는가?
요즘 하나님의 음성을 듣고 하나님을 따라가고 있는가?

아니면 하나님의 음성을 들은 지 오래되었는가?.
하나님의 음성을 한 번도 들어 본 적이 없는가?
위의 질문에 어느 부류에 속해 있습니까?

아직 한 번도 하나님의 세미한 음성을 들어 본 적이 없다
면 당신은 거듭나야 한다. 이미 복음을 들은 그리스도인들
이 분주하고 요란한 삶 속에서 하나님의 음성에서 멀어졌
다면 다시 하나님의 음성을 들어야 하며 여러분의 영적 생
활을 다시 재정비해야 한다.
　성경은 끊임없이 하나님의 음성을 들을 것을 권면하고
있다.

"그러므로 믿음은 들음에서 나오며
들음은 하나님의 말씀에 의해서니라" – 로마서 10:17

"오 이스라엘아, 들으라.
주 우리 하나님은 한 분 주시니 너는 네 마음을 다하고
네 혼을 다하고 네 힘을 다하여
주 너의 하나님을 사랑할지니라" – 신명기 6:4-5

"내가 오늘 너희에게 명하는 나의 계명들을
너희가 열심히 청종하고

주 너희 하나님을 사랑하며, 너희 마음을 다하고

너희 혼을 다해 그를 섬기면

내가 그 때를 맞추어 너희에게 이른 비와 늦은 비를

너희 땅에 내릴 것이니,

네가 네 곡식과 네 포도주와 네 기름을 거둘 것이요

또 내가 네 가축을 위하여 네 들에 풀을 보내리니,

네가 먹고 배부르리라" – 신명기 11:13-15

"오 내 백성들아, 들으라. 내가 네게 증거하리라.

오 이스라엘아, 네가 내게 듣기를 원한다면" – 시편 81:8

"내 백성이 나를 경청하기를 원하고 나의 길들로 행하였더라면

내가 곧 그들의 원수들을 제압하고

그들의 대적들을 향하여 내 손을 돌이켰을 것이요"

– 시편 81:13-14

"또 그들에게 말씀하시기를

"들을 귀 있는 자는 들을지어다"라고 하시더라" – 마가복음 4:9

"귀 있는 자는 성령께서 교회들에게 말씀하시는 것을

들을지어다" – 요한계시록 2:7

"귀 있는 자는 성령께서 교회들에게 말씀하시는 것을
들을지어다" – 요한계시록 2:11

하나님은 오늘도 살아계시며 우리 가운데 말씀하시는 하나님이시다.

과거 하나님은 수많은 선지자들을 통하여 말씀하셨다. 그 말씀을 기록한 것이 성경이다.
오늘날에는 성경을 통하여 각자에게 말씀하신다.

"보라, 이는 산들을 짓고 바람을 창조하며
인간에게 자기 생각이 무엇인가를 선포하는 분이시오,
아침을 어둡게 하며 땅의 높은 곳들을 밟는 분이시니,
만군의 하나님인 주가 그의 이름임이라" – 아모스 4:13

"태초에 말씀이 계셨고,
그 말씀이 하나님과 함께 계셨으니,
그 말씀은 하나님이셨느니라" – 요한복음 1:1

우리는 언제 어떻게 하나님의 음성을 들을 수 있는가?

A. 주님을 처음 만날 때

사도 바울은 주의 제자들을 향하여 위협과 살기를 내뿜으며 그 도에 속한 사람들을 잡아 예루살렘으로 데려오려고 다마스커스로 가던 도중(사도행전 9:1-2) 그의 인생 속에 처음으로 예수님의 음성을 듣는다.

"그가 길을 떠나 다마스커스에 가까이 왔을 때

갑자기, 하늘로부터 한 줄기 빛이 그를 둘러 비추는지라.

그가 땅에 엎드려 그에게 말하는 음성을 들으니

'사울아, 사울아, 네가 왜 나를 박해하느냐'고 하시더라"

– 사도행전 9:3-4

복음의 핍박자요, 하나님에 대한 잘못된 열심을 품은 사울에게 한 줄기 빛이 비취며 하나님의 음성을 듣고, 그는 하나님의 자녀가 되었고 핍박자에서 전도자로 변하였다.

하나님의 음성은 죽은 그의 영을 살렸고 어두움에서 빛으로, 사망에서 생명으로, 아담 안에서 그리스도 안으로 들어가게 하였다. 후에 바울은 다음과 같이 고백했다.

"오 왕이여, 정오에 길에서 내가 보니,

해보다 더 밝은 빛이 하늘로부터

나와 나의 일행을 두루 비추더이다.

즉시 우리가 모두 땅에 엎드렸을 때

한 음성이 내게 말씀하시는 것을 들었는데

히브리어로 말씀하시기를

'사울아, 사울아, 어찌하여 네가 나를 박해하느냐?

가시채를 걷어차는 것이 네게 고통이라'하시기에

내가 말하기를 '주여, 누구시니이까?'라고 하니,

그가 말씀하시기를

'나는 네가 박해하는 예수라. 일어나서 네 발로 서라.

이는 내가 이 목적을 위하여 너에게 나타났음이니,

네가 본 것과 내가 너에게 나타나게 될 일에 대하여

너를 일꾼과 증인으로 삼고자 함이라.

그 백성과 이방인들로부터 너를 구해 내어 이제 그들에게 보내서

그들의 눈을 뜨게 하여 흑암에서 광명으로,

사탄의 권세에서 하나님께로 돌아서게 하며

그들로 죄사함을 받게 하고,

내 안에 있는 믿음으로 거룩하게 된 사람들 가운데서

유업을 받게 하려는 것이라"고 하였나이다" – 사도행전 26:13-18

혹시 당신은 사울이 들었던 음성이 어느 나라의 말로 하
나님이 말씀하셨는지 알고 있는가?

히브리어로 말씀하셨다(사도행전 26:14).

당시 바울을 구원하신 목적도 알려 주셨는데 그 목적에 대하여 성경은 "네가 본 것과 내가 너에게 나타나게 될 일에 대하여 너를 일꾼과 증인으로 삼고자 함이라. 그 백성과 이방인들로부터 너를 구해 내어 이제 그들에게 보내서 그들의 눈을 뜨게 하여 흑암에서 광명으로, 사탄의 권세에서 하나님께로 돌아서게 하며 그들로 죄 사함을 받게 하고, 내 안에 있는 믿음으로 거룩하게 된 사람들 가운데서 유업을 받게 하려는 것이라"(사도행전 26:18)고 하였다.

일반적으로 처음 주님을 만날 때, 하나님의 음성을 처음 듣게 된다.

그때 우리는 왜 자신이 죄인인지를 깨닫게 되고 예수님이 십자가 위에서 어떻게 자신의 죄를 처리하셨는지를 명확하게 하나님의 음성으로 듣게 된다(에베소서 1:13).

우리가 잘 아는 찬송가에서는 이런 경험을 다음과 같이 표현하였다.

주의 말씀 받은 그날 참 기쁘고 복되도다.
이 기쁜 맘 못 이겨서 온 세상에 전하노라.
기쁜 날 기쁜 날 주 나의 죄 다 씻은 날

늘 깨어서 기도하고 늘 기쁘게 살아가리

기쁜 날 기쁜 날 주 나의 죄 다 씻은 날

예배당에 나가 설교를 처음 들은 날도 아니고 성경 말씀을 처음 읽은 날도 아니다.

설교를 듣다가 가슴이 벅차오르고 눈물이 난 날이 아니다.

명확하게 죄 사함을 받아 마음에 기쁨이 넘친 그날이 주의 말씀을 처음 받은 날이라고 표현하고 있다.

당신에게는 이런 경험이 있는가?

냉정하게 질문해 볼 수 있기를 바란다.

"진실로 진실로 내가 너희에게 말하노니,

죽은 자들이 하나님의 아들의 음성을 들을 때가 오고 있나니

바로 지금이라. 듣는 자들은 살리라" – 요한복음 5:25

누구라도 분명한 구원의 복음(하나님의 음성, 에베소서 1:13)을 듣고 믿으면 죽은 영이 다시 살아나는 역사가 일어난다. 이것이 그리스도인들이 처음 하나님의 음성을 듣고 하나님의 자녀가 되는 경험이다.

고넬료는 자기 집에서 베드로를 통해서 하나님의 음성을 들었고(사도행전 10-11장) 에디오피아 내시는 빌립을 통해서

(사도행전 8장), 디 엘 무디는 주일학교 선생님이던 킴볼을 통해서, 명확한 하나님의 말씀을 듣고 주님께로 돌아온 산증인들이다. 이들도 주께서 자신의 죄를 씻은 날을 기뻐하며 하나님을 찬양했을 것이다.

하나님을 처음 만날 때 우리는 하나님의 음성을 들을 수 있다. 모든 사람에게 이러한 경험과 간증이 있기를 간절히 소망한다.

B. 하나님을 찾을 때

"주께서 실로에 다시 나타나셨으니,

이는 주께서 실로에서 사무엘에게 주의 말씀으로

자신을 나타내셨음이더라" – 사무엘상 3:21

하나님은 자기를 찾는 자에게 말씀으로 자신을 나타내신다. 오늘날 주를 찾고 주의 뜻을 알기 원한다면 주님은 언제라도 말씀을 통하여 그에게 말씀하신다.

우리는 성경을 통하여 하나님의 음성을 들을 수 있으며, 어떤 하나님이신지를 알게 되며, 성경은 역사의 틀이기에 과거와 현재와 미래에 대한 하나님의 계획을 발견하게 된다.

우상은 과거에 대하여 말할 수 없으며 현재도 아무것도 할 수 없고 미래의 역사도 알지 못한다. 그러나 하나님은 우리에게 구약을 통하여 천지창조부터 모든 것의 기원에 대하여 말씀하셨고, 현재 우리의 삶 속에 나타나는 일을 지혜롭게 처리할 수 있도록 말씀하신다. 아울러 다니엘서나 계시록은 미래의 역사에 대하여 전율을 느낄 정도로 정확하게 말씀 속에 기록해 두었다.

다니엘서의 느브갓네살 왕의 꿈을 통한 제국들의 흥망성쇠는 우리로 하여금 놀라움을 금치 못하게 하며 온 세상에 명확하게 살아계신 하나님을 증거하게 한다.

하나님은 분명히 사람들에게 말씀하고 있다.

"나와 이야기해보자. 과거를 나타내 보이며 미래에 어떤 결말이 올지 말하라. 앞으로 올 일을 미리 정확하게 말하여 보라 누가 참된 신(神)인지 증명해 보자".

이 우주 안에는 하나님만이 과거와 현재와 미래를 주관하시며 역사의 주인이시다.

"주가 말하노니 너희는 송사를 일으키라.

야곱의 왕이 말하노니 너희의 강력한 주장을 내어 놓으라.

그들로 주장들을 내어 놓고 무슨 일이 일어날지를

우리에게 보이게 하라.

그들로 이전 일들을 보이게 하여,

그것들이 무엇이든지 간에, 우리로 그 일들을 숙고하고

그 일들의 나중 결말도 알게 하라.

아니면 앞으로 있을 일들을 우리에게 선포할지니라.

이후에 있을 일들을 보여 주어

우리로 너희가 신들인 것을 알게 하라.

정녕, 선을 행하거나 악을 행하라.

우리가 놀라며 그것을 함께 보리라.

보라, 너희는 아무것도 아니며 너희의 일은 헛것이라.

너희를 택한 자는 가증함이라" - 이사야 41:21-24

하나님은 언제라도 하나님을 부르는 자에게 가까이하시고 말씀하시는 살아계신 분이다.

"주께서는 자기를 부르는 모든 사람들에게와

자기를 진실로 부르는 모든 자들을 가까이 하시는도다'

- 시편 145:18

하나님의 말씀을 간절히 사모하며, 하나님의 뜻을 찾는 자에게 말씀으로 자신을 나타내시기에 그러한 성도는 반드시 하나님의 음성을 들을 수 있다. 시편 기자들의 하나님의 말씀을 찾는 간절함은 우리가 본받아야 할 중요한 부분이다.

"내가 입을 벌리고 헐떡였으니,

이는 내가 주의 계명들을 사모하였음이니이다" – 시편 119:131

"내가 아침이 동터오기 전에 일어나 부르짖었으니,

내가 주의 말씀을 바랐나이다" – 시편 119:147

"내가 주를 기다리며 내 혼이 기다리오니,

내가 주의 말씀을 바라나이다.

파수하는 자들이 아침을 기다리는 것보다

내 혼이 주를 더욱 기다리오니, 내가 말씀드리건대,

파수하는 자들이 아침을 기다리는 것보다 더하나이다"

– 시편 130:5-6

C. 고난 중에 부르짖을 때

성경은 사람이 고통과 쇠사슬에 매여 암흑과 사망의 그림자 가운데 앉아 있는 이유가 하나님의 말씀을 거역하며 하나님의 조언을 경시할 때 나타나는 현상이라고 말씀하신다.

"사람들이 고통과 쇠사슬에 매여

암흑과 사망의 그림자 가운데 앉아 있으니,

이는 그들이 하나님의 말씀을 거역하며

지극히 높으신 분의 조언을 경시하였음이라" – 시편 107:10-11

바로 그때 하나님께 마음을 낮추고 주님 앞에 부르짖을 때 하나님은 그에게 말씀해 주시고 그를 어려움에서 건져 주신다.

"그때 그들이 그들의 고통 속에서 주께 부르짖으니,

그가 그들의 고난에서 그들을 구하시는도다.

그가 그의 말씀을 보내시어 그들을 고치셨으며

그들의 파멸에서 그들을 구하셨도다" – 시편 107:19-20

"이 말씀은 나의 고난 중에 나의 위로가 되었으니,

이는 주의 말씀이 나를 소생시키셨음이니이다" – 시편 119:50

"주의 법이 나의 즐거움이 되지 아니하였다면

내가 나의 고난 중에 멸망하였으리이다" – 시편 119:92

우리는 우리의 인생 속에 수없이 많은 고난과 시련 속에서, 하나님의 말씀이 우리의 소망이 되었다. 그 약속의 말씀을 듣는 순간 절망한 우리의 혼이 새 힘을 얻어 다시 일어선 적이 얼마나 많았던가?

하나님 말씀만이 우리에게 참된 위로가 되고 소망이 된다.

고난 중에 하나님께 부르짖을 때 하나님이 말씀을 보내 우리를 위경에서 건져주시기에, 고난의 때는 우리가 하나님의 음성을 들을 수 있는 때라는 것을 기억하고 조용히 말씀 앞에 무릎을 꿇고 부르짖으며 엎드려 있기를 원한다.

하나님은 그때 세미한 음성으로 말씀하실 것이다.

D. 광야에 홀로 있을 때

성경은 하나님의 음성에 대하여 세미한 음성(열왕기상 19:12)이라고 표현하였다.

오늘날 우리는 시끄러운 소리에 길들여져 있고 우리의 귀는 세상의 소리(세상 음악, TV, 라디오, 휴대폰 벨소리, 자동차 소리 등)를 듣기에 분주하여 세미한 주의 음성을 듣지 못하고 살아가고 있다.

유대인들은 광야를 '**미드바르**'라고 부르며 그곳은 하나님을 체험하고 하나님의 음성을 듣는 곳으로 생각한다. 출애굽 후 40년 동안 하나님의 사랑과 능력을 체험한 곳이며 하나님의 인도와 능력의 손을 체험한 곳이다. 또한 광야에서 모세를 통하여 말씀하시는 하나님을 경험하였다.

"시내 산에서 자기에게 말해 주던 그 천사와 또 우리 조상과 더불어 광야의 교회 안에 있으면서 우리에게 살아 있는 말씀을 받아서 전해 주던 그가 이 사람이라"– 사도행전 7:38

"광야에서 외치는 자의 음성이 있어 너희는 주의 길을 예비하라. 사막에서 우리 하나님의 대로를 곧게 하라"– 이사야 40:3

요한도 엘리야도 다 광야에 홀로 있을 때 하나님의 음성을 들었다.

모세도 시내 산에서 하나님과 홀로 있을 때 하나님의 음성을 들었다.

다시 말하면 시끄럽고 복잡한 모든 소리로부터 귀를 닫고 홀로 조용히 주님 앞에, 말씀 앞에 나아갈 때 세미한 하나님의 음성이 들린다.

"이른 아침 아직 동이 트지도 않았는데,
주께서 일어나 밖으로 나가 한적한 곳으로 가셔서
거기서 기도하시더라"– 마가복음 1:35

예수님도 가장 조용한 장소에서 조용한 시간을 선택하여 하나님 앞에 나아가 기도하셨고 하나님을 만나셨다. 말씀 앞에 하루 중 가장 조용한 시간에 조용한 장소에서 세상의 모든 것으로부터 귀를 닫고 주님의 음성을 듣고자 하면 하나님은 그때 우리에게 세미한 음성으로 말씀하신다.

사랑하는 독자여!
세상에서 실패하여 홀로 있다고 느낄 때
사람들에게 버림받았을 때
믿었던 사람에게 배반을 당했을 때
세상의 많은 상처 속에 홀로 번민할 때
절망하지 말자.
하나님의 음성을 들을 때라는 것을 기억하자.
교만함을 버리고 간절한 마음으로 주님의 음성을
사모할 때 주님은 우리 각자 각자에게 말씀해 주신다.

이사야 6장에는 웃시야 왕이 죽던 그 해에 이사야는 보좌에 앉으신 하나님을 보았고(이사야 6:1) 주의 음성을 들었다(이사야 6:7)라고 쓰여 있다.
웃시야 왕이 어떤 왕인가?

하나님의 도우심으로 큰 은혜와 큰 복을 얻어 그의 이름이 멀리 퍼지고 그가 하나님의 도우심으로 강성하게 되자 제사장만이 분향할 수 있는 전으로 함부로 들어간 자이며 마음이 교만해져서 범죄한 왕이었다.

"웃시야가 온 군대를 위하여
방패와 창과 투구와 갑옷과 활과 돌을 던질 물매들을
준비하였으며
또 예루살렘에서 기술자들이 발명한 기계들을 만들어
망대와 성채 위에 두고 화살들과 큰 돌들을 쏘게 하니라.
그의 이름이 멀리까지 퍼졌으니,
이는 그가 놀랍게 도우심을 받아 강성하게 됨이더라.
그가 강성하여지자 그의 마음이 멸망에까지 자고해졌으니,
이는 그가 주 그의 하나님을 거역하여 범죄하고
향단에 분향하려고
주의 전으로 들어갔음이더라" – 역대하 26:14-16

그 웃시야 왕이 죽던 그 해에 이사야 선지자는 하나님의 보좌를 보았고 하나님의 음성을 들었다.
혹 우리의 마음속에도 하나님의 큰 복과 은혜가 넘쳐서 이 세상에서 우리의 이름이 퍼지고 물질적으로 부요함 가운데 살다 보니 하나님의 말씀을 거역하며 마음이 높아져 있지는 아니한가?

우리 마음의 교만이라는 웃시야 왕이, 하나님의 말씀을 업신여기는 웃시야 왕이 죽는 그때 겸손과 두려움 속에 모든 죄를 버리고 정결함 가운데 하나님 앞에 나아갈 때 하나님의 음성을 다시 들을 수 있을 것이다. 마음의 웃시야 왕이 죽을 때 하나님의 음성이 들린다.

우리의 모든 걸음이 하나님의 음성을 듣고 하나님의 인도를 따르는 삶이 되기를 원한다.

하나님의 음성을 들을 수 있는 마음과 귀를 예비하자.
분주하고 요란한 장소를 피하여 조용한 시간을 정하여 하나님 앞에 홀로 서자.
주님의 음성을 갈망하며 기도하자.
하나님의 지혜를 구하자.
하나님과 나 사이에 가로막힌 어두움이 있다면 정리하자.
하나님은 오늘도 자신의 생각을 모든 사람에게 말씀하시는 살아계신 하나님이다.

말씀을 열심히 듣고 주를 따르는 자를 이 시대에도 하나님은 반드시 축복하신다.

"내가 오늘 너희에게 명하는 나의 계명들을

너희가 열심히 청종하고

주 너희 하나님을 사랑하며,

너희 마음을 다하고 너희 혼을 다해 그를 섬기면

내가 그 때를 맞추어 너희에게

이른 비와 늦은 비를 너희 땅에 내릴 것이니,

네가 네 곡식과 네 포도주와 네 기름을 거둘 것이요

또 내가 네 가축을 위하여 네 들에 풀을 보내리니,

네가 먹고 배부르리라" – 신명기 11:13-15

일생동안
각근히 행하리라

"주께서 내게 말씀하셨고 또 스스로 행하셨으니, 내가 무슨 말을 하리이까? 내가 내 혼의 괴로움 속에서 내 온 생애를 유연하게 가리이다"

(이사야 38:15)

3월 16일 간 이식 수술을 마치고 한 달 동안 입원하였고 4개월여를 지내 오면서 많은 것을 깨닫고 생각했다. 성공적으로 수술을 마치고 입원하는 동안 감염 때문에 폐쇄된 공간에서 지냈고 중간에 이식한 간과 내가 가지고 있는 간의 혈관의 굵기가 달라서 목의 혈관을 찢고 좁아진 혈관을 넓히는 시술을 했다.

가슴에 관을 박아 일주일에 세 번씩 투석을 하며 약이 너무 독해 입맛이 없고 손과 발바닥의 피부가 서너 차례 벗겨지며 입안이 다 허는 경험을 했다. 기운이 없고 걷는 것이 힘들며 말로 다 할 수 없는 육신의 고통에서 조금씩 회복되어 가면서 '앞으로 어떤 삶을 살 것인가?하는 각오와 다짐을 마음속으로 생각하게 되었다.

하나님의 큰 은혜를 입고 난 다음 우리는 어떻게 살아가야 하는가?

은혜는 물에 새기고 원수는 돌에 새긴다는 말이 있듯이 우리는 어려울 때의 마음과 어려움에서 벗어난 후의 마음

상태가 상당히 다르다.

쉽게 은혜를 망각하고 다시 육신의 모습으로 돌아가 방자히 살아가기를 반복한다.

바로가 재앙이 닥쳤을 때 하나님 앞에 잠시 항복하는 것 같았지만 한숨 돌리게 된 후(출애굽기 8:15) 다시 완악하여 하나님을 대적했던 것처럼 우리도 고난에서 한숨 돌릴 만하면 다시 하나님의 뜻을 거스르며 살아온 것이 한두 번인가?

"그러나 파라오가 한숨 돌리게 되자

그의 마음을 완악하게 하여 그들에게 듣지 않았으니,

주께서 말씀하신 대로더라" - 출애굽기 8:15

생활 속에서 하나님의 큰 은혜를 얻고 난 다음 하나님의 크신 은혜로 구원받은 우리는 어떻게 살아야 하는가의 질문에 대하여 성경에 그 답이 나온다. 히스기야가 병들어 죽게 되었다가 하나님의 은혜로 15년의 생명을 연장 받았을 때 그의 고백을 한번 보자.

"유다의 히스키야 왕이 병들었다가

그 병에서 회복되었을 때에 그의 글이라" - 이사야 38:9

"주께서 내게 말씀하셨고,

또 친히 이루셨사오니 내가 무슨 말씀을 하오리이까

내 영혼의 고통을 인하여 내가 종신토록

각근히 행하리이다(개역성경)" - 이사야 38:15

"주께서 내게 말씀하시고

또 친히 이루셨사오니 내가 무슨 말씀을 하오리이까

내 영혼의 고통으로 말미암아 내가 종신토록

방황하리이다(개역개정)" - 이사야 38:15

"주께서 내게 말씀하셨고

또 스스로 행하셨으니, 내가 무슨 말을 하리이까?

내가 내 혼의 괴로움 속에서 내 온 생애를

유연하게 가리이다(킹제임스)" - 이사야 38:15

각 성경의 번역이 다르다.

원문에는 '다다'라는 단어로 표현되어 있다

'다다(dadah)**'**는 '천천히 움직이다, 겸손히 일생을 조심스럽고 겸손하게 주님 앞에서 살아간다'는 의미이다. 과거 개역 성경에는 '각근히[恪勤]'로 표현되었고 그 의미는 '천천히 가다', '살며시 가다'이다. 곧 '조심스럽고 겸허하게'라는 뜻이다.

영어성경의 표현들을 살펴보자.

[NIV] (I will walk humbly) 겸허하게 행하리라.

[NKJV] (I shall walk carefully) 주의 깊게 행하리라.

[KJV] (I shall go softly) 부드럽게 행하리라.

[NASB] (I will wander) 나는 방황할 것이다.

은혜를 입고 난 후 어떤 삶을 살아야 하는가?

히스기야의 고백처럼 일생 동안 각근히 살아야 한다.

각근히 살아가는 삶, 천천히 겸손하게 살아가는 삶은 어떤 삶일까?

A. 경건한 삶

성도의 삶은 경건해야 한다.

구원받고 난 이후의 삶은 두렵고 떨림으로 생활의 구원을 이루어가는 성화의 삶이 지속되어야 한다.

"그러므로 나의 사랑하는 자들아,

너희가 항상 복종했던 것처럼 내가 있을 때 뿐만 아니라

내가 없는 지금도 더욱더 두려움과 떨림으로

너희 구원을 온전히 이루라" – 빌립보서 2:12

우리는 계속 믿음 안에서 예수 그리스도의 모습을 닮아
가야 한다.

성경은 **'예수님에게까지 자라라'**고 말씀하셨다.

"이뿐만 아니라 너희가 더욱 전심 전력하여
너희의 믿음에 덕을, 덕에 지식을, 지식에 절제를,
절제에 인내를, 인내에 경건을 경건에 형제 우애를,
형제 우애에 사랑을 더하라" – 베드로후서 1:5-7

우리는 계속 성장해야 하고 계속 그리스도의 모습으로
변화되어 가야 한다.

"그러나 주께서 자기를 위하여
경건한 자를 따로 세우셨음을 알라.
주께서는 내가 부를 때에 들으시리로다" – 시편 4:3

"두려워하고, 죄를 짓지 말라. 침상에서 심사숙고하고,
잠잠할지어다. 셀라"– 시편 4:4

경건한 삶의 중요한 부분 중의 하나가 입술을 제어하는
것이다. 마음의 생각이 입술로 표현되기 때문이다.

4월 15일(2020년) 국회의원 선거에서 "선거는 입이 문제다"라는 타이틀이 등장한 적이 있었다.

말 한마디의 실수가 한 정치인의 정치생명을 좌지우지하는 것처럼 그리스도인의 삶 속에 저속하고 비판적이고 세상적인 표현은 그의 마음을 그대로 반영하는 것이다. 언어의 표현은 분명히 그 사람의 마음을 대변한다.

분노한 마음은 분노의 단어가 표현되고 사랑의 마음은 사랑의 단어가 표현된다. 야고보는 '혀를 제어하지 아니하고 마음을 속이는 믿음 생활은 헛된 것'이라 하였다.

"너희 가운데서 종교적으로 보이는 어떤 자라도

자기 혀를 제어하지 아니하고 자신의 마음을 속인다면

이 사람의 종교는 헛된 것이라"– 야고보서 1:26

우리 모두는 다윗처럼 '내 마음의 묵상과 내 입의 말이 하나님 앞에 상달되기를 원한다'라는 고백을 배워야 한다.

"나의 힘이시며 나의 구속자이신, 오 주여,

내 입의 말과 내 마음의 묵상이

주의 목전에 받아들여지게 하소서" – 시편 19:14

내 입술의 말이 하나님께서 받으실만한 것인가?

내 마음의 묵상이 하나님이 받아들일 수 있는 묵상인가?

하나님 앞에 큰 은혜를 입은 사람들은 두렵고 떨림으로 삼가 조심해야 한다.

은혜를 입고 살아가는 자라는 것을 늘 자각한다면 우리의 삶은 경건해야 한다.

잠시 동안이 아니라 일생 동안 각근히(삼가 두렵고 떨림으로) 하나님 앞에서 조심하는 삶을 살아야 한다.

B. 절제의 삶

이기기를 다투는 자는 모든 부분에 절제한다.

삶의 모든 부분에 절제가 필요하다.

깨어있는 그리스도인의 모습 중에 하나가 모든 일에 절제하는 삶이다.

시간과 물질과 삶의 우선순위를 하나님께 두기 위하여 모든 것을 절제해야 한다.

오락도, 취미생활도, 각종 모임도, 하나님을 섬기는데 방해되어서는 안되며 도가 넘쳐서도 안된다. 오늘날 주를 위하여 절제의 삶을 살아가는 사람들을 만나기가 참 어렵다. 복음 안에서의 자유함이 자유를 넘어 방종이 된 시대에 우리는 살아가고 있다.

많은 선교사들을 만나 보았다.

그 가운데 내가 늘 귀히 배우는 것 중 하나가 절제의 삶이다. 공과 사의 구분이 명확하다는 것이다. 우리가 우리의 삶을 뒤돌아 보며 낭비하며 허비하는 것은 없는지, 절제하지 못하여 과거 낭패해본 일들은 없는지 뒤돌아 볼 수 있기 바란다.

바쁜 중에 살아가지만 시간을 할애하여 주일을 위하여 계속 기도해야 한다.

이번 주일은 은혜로운 주일이 되기를 원한다.

'전도해서 교회에 같이 갈 사람을 허락해 주시옵소서.'

지난 주 함께 예배드리지 못한 형제자매는 없는지 그들을 위하여 기도하며 사랑을 가지고 돌아봐야 한다. 그리고 토요일 일찍 잠자리에 들고 주일 아침 누구보다도 먼저 예배당에 와서 봉사할 것이 무엇인지 살펴보자.

하나님은 절제의 삶을 살아가는 그리스도인의 믿음을 자라게 하시고 늘 승리하게 하신다.

아울러 썩지 않을 면류관을 주신다.

"이기려고 애쓰는 사람은 누구나 모든 일에 자제하나니,

이제 그들은 썩어질 면류관을 받으려 하지만

우리는 썩지 않을 면류관을 받고자 함이라" – 고린도전서 9:25

"인간의 행실에 관하여 말한다면,

내가 주의 입술의 말씀을 따라 멸망시키는 자의 길에서

나를 지켰나이다"– 시편 17:4

C. 성령의 인도를 따라 하나님의 영광을 위한 삶

성령을 소멸치 말고 성령의 인도와 역사를 간절히 간구해야 한다. 작은 부분도 성령께 묻고 성령의 인도하심을 따라야 한다.

하나님의 사람들은 자기의 계획에 따라 사는 삶이 아니라 하나님께 물어 하나님의 뜻을 따라 살아야 한다.

"그러자 다윗이 주께 물어 말하기를

'내가 이 군대를 추격하리이까?

내가 그들을 따라잡을 수 있겠나이까?' 하니,

주께서 그에게 대답하시기를

'추격하라.

네가 그들을 반드시 따라잡을 것이며,

틀림없이 모두 다시 찾아오리라' 하시더라"– 사무엘상 30:8

"또 여호사밧이 이스라엘 왕에게 말하기를

‘내가 청하오니 오늘 주의 말씀에 물어 보소서’ 하자”

– 열왕기상 22:5

“여호사밧이 말하기를

‘우리가 주께 물을 만한 주의 선지자가 여기 있지 아니하냐?’하니

이스라엘 왕의 신하 중 하나가 대답하여 말하기를

‘여기 사밧의 아들 엘리사가 있나이다.

그가 엘리야의 손에 물을 부었었나이다’하더라” – 열왕기하 3:11

나는 개인적으로 이 말씀이 참 좋다.

엘리야의 손에 물을 붓던 엘리사. 그는 얼마나 겸손한 사람인가. 그에게 하나님의 일하심이 있어 성경 속에 엘리야보다 더 많은 역사가 그를 통해 일어났다.

젊은이들이여, 명심하라.

하나님이 높이실 때까지 당신이 가장 낮고 천하다고 느끼는 그곳에 충성을 다하라. 그러면 주께서 그대를 높이 들어 축복하실 것이다.

이제 우리의 삶은 가장 작은 부분부터 큰 부분에 이르기까지 주께 물어 주의 인도를 따라 삶을 살아가기를 소망한다.

부흥의 모든 역사와 세계를 변화시킨 사람들은 다 성령

으로 충만한 사람들이었고 성령의 인도를 받는 사람들이었다.

우리는 성령의 인도를 얻는 사람의 아름다운 모습을 사도행전에서 볼 수 있다.

"그들이 프루기아와 갈라디아 지역을 통과하였을 때
성령께서 아시아에서 말씀 전하는 것을 금하셨으며
무시아에 이르러 비두니아로 가려고 하였으나
성령께서 허락하지 아니하시므로
무시아를 지나서 트로아로 내려왔더라.
그 밤에 바울에게 환상이 나타났는데
어떤 마케도니아 사람이 서서
그에게 간청하여 말하기를
'마케도니아로 건너와서 우리를 도와 달라.'고 하니라"

－ 사도행전 16:6-9

성령께서 바울의 걸음을 금하기도 하시고 허락하기도 하시고 그의 모든 걸음걸음이 성령의 인도함 속에 있었기에 그는 어떤 고난도 이겨낼 수 있었고 그의 삶에 풍성한 열매들이 넘쳐났다.

주님이 인도한 곳에서도 고난은 있었지만 그 결과 빌립보 교회가 탄생하였고 그 이후 전도여행을 통하여 얼마나 많은 열매를 맺었는가?

어느 날 제자들은 예수님의 십자가의 죽음 이후에 주님의 인도가 없이 과거의 직업으로 돌아가 고기 잡으러 디베랴 바다로 나갔다. 그러나 그들의 고백은 "우리가 밤이 맞도록 수고 하였지만 아무것도 잡지 못했습니다"라고 고백했다.

주님의 인도가 없는 곳 주님이 함께 하지 않으면 어떤 열매도 없이 인간 스스로 많은 수고만 할 뿐이다(요한복음 21:1-3).

우리는 성령의 인도와 충만함을 위하여서 기도해야 한다.

"이제 주여, 그들의 위협함을 살피시어

주의 종들로 담대하게 주의 말씀을 선포하게 하시고

주의 손을 펴시어 병을 낫게 하시며,

또 표적들과 이적들이 주의 거룩하신 아들 예수의 이름으로

일어나게 하소서. 하더라.

그들이 기도를 마치자 그들이 함께 모여 있는 곳이 진동하더니

그들이 모두 성령으로 충만하여 담대하게

하나님의 말씀을 선포하더라" – 사도행전 4:29-31

찬양하고 기도하며 날마다 성령의 인도를 따라 주를 가

까이 하는 삶을 살아야 한다.

주를 내 앞에 항상 모시면, 주 앞에는 기쁨과 주의 옆에는 즐거움이 충만하다.

"주께서 생명의 길로 내게 보이시리니 주의 앞에는 기쁨이 충만

하고 주의 우편에는 영원한 즐거움이 있나이다" – 시편 16:11

우리가 기쁨이 없는 삶을 살 때는 하나님과 멀리 있을 때다.

"하나님을 가까이 하라. 그리하면

하나님이 너희에게 가까이 다가가시리라" – 야고보서 4:8

"하나님을 멀리하는 자는 멸망할 뿐이다" – 시편 73:27-28

D. 하나님만을 의지하는 삶

주님이 힘을 주지 않으면 눈꺼풀 하나 들어 올릴 수 없는 사람이라는 것을 절실하게 체험하고 깨달았다.

우리에게는 오직 하나님만이 우리의 힘이 되신다.

"오 나의 힘이신 주여, 내가 주를 사랑하나이다" – 시편 18:1

"어떤 이들은 병거들을 의지하고

어떤 이들은 말들을 의지하나,

우리는 주 우리 하나님의 이름을 기억하리로다.

그들은 굽어 엎드러졌으나 우리는 일어나 바로 서는도다"

– 시편 20:7-8

"우리는 우리 자신 속에 사형 선고를 받았으니

이는 우리로 우리 자신을 신뢰하지 아니하고

죽은 자들을 살리시는 하나님만을 신뢰하게 하려 함이라"

– 고린도후서 1:9

우리의 인생 속에 고난과 하나님의 축복은 오직 하나님만을 신뢰하며 하나님만을 의지하여 살게 하기 위한 것이다. 주를 의지하는 자는 일어나 바로 서게 되지만 다른 것을 조금이나마 의지하는 자는 굽어 엎드려질 것이다.

"주가 이같이 말하노라.

사람을 신뢰하는 사람과 육신을 그의 무기로 삼는 사람과

그의 마음이 주로부터 떠난 사람은 저주를 받으리라.

그는 사막에 히스 나무같이 되어 좋은 일이 오는 때를 보지 못하고

광야와 소금 땅과 사람이 살지 않는 바싹 마른 곳들에 거하리라"

– 예레미야 17:5-8

주를 신뢰하고 그의 소망을 주께 두는 사람은 복이 있도다. 그는 물가에 심겨진 나무가 강가에 그 뿌리를 뻗침과 같아서 더위가 와도 걱정하지 않고, 그 잎이 푸르러 가뭄의 해에도 염려하지 않고 열매를 맺는 것도 그치지 아니할 것임이라.

우리는 무엇을 선택해야 하는가?

은혜를 입었다면, 하나님의 축복을 얻었다면 히스기야가 고백한 것처럼 우리는 남은 일생을 각근히 행하며 두려운 마음으로 날마다 하나님의 뜻을 위하여 살아가야 한다.

지나간 날은 돌이킬 수 없다.

그러나 지금도 늦지 않았다.

"그러므로 너희가 얼마나 정확히 행하고 있는지 주의하라.

미련한 사람같이 행하지 말고 현명한 사람같이 행하여

시간을 사서 얻으라.

이는 그 날들이 악하기 때문이니라" – 에베소서 5:15-16

시간을 사서 얻어야 한다. Redeeming the time!

영어에서 'Redeeming'이란 '벌충하는, 명예 회복의, 결점을 보완하는'이라는 뜻이다.

잃어버린 시간을 벌충하며 은혜받은 사람은 말로 다할 수 없는 하나님의 축복을 받은 사람답게 경건하고 절제하며 성령의 뜻을 좇아 하나님의 영광만을 위하여 하나님만을 의지하고 살아가야 한다.

그리하여 은혜가 넘치고 기쁨이 충만하고 영적인 열매가 풍성한 삶이 되기를 간절히 소망한다.

이 땅에서 은혜를 입고 살아가고 있다면 다시 한번 각근히 살아가리라는 히스기야의 고백을 되새기기를 원한다.

잠시 후 주님이 오실 때 혹 그 이전에 우리가 주님 앞에 설 때 상급과 면류관을 주시며 우리를 기쁨으로 맞아 주실 것이다.

십자가에서 못 박혀 피 흘리신 상처 난 그 손으로, 우리를 위하여 십자가 위에서 말할 수 없는 고난 받으신 그 따뜻한 사랑으로 우리를 영접하실 것이다.

그 이후 우리는 영원히 주와 함께 거할 것이다.

그러나 이 축복은 반드시 거듭난 그리스도인에게 주어지는 것이지 경건한 종교인에게 주어지는 것이 아니다. 명확하게 아담 안에서 그리스도 안으로 들어온 개인적인 분명한 구원의 확신이 있는 사람만이 누릴 수 있는 축복이다.

이 세상의 허황된 모든 것을 버리고 "내가 주의 은혜를 무엇으로 보답할꼬"(시편 116:12) 하는 시편 기자의 고백을 기억하며 주 안에서 일생 속에 각근히 살아가자.

"내게 주신 모든 은혜를 내가 여호와께 무엇으로 보답할까"

– 시편 116:12

잠시 후 우리는 영원한 세계에서 주의 손을 잡고, 주님의 품 안에서 영원히 찬양하며 기쁨 속에 살아 갈 것이기 때문이다.

나는야 친구 되신 하나님과 푸른 초장 한없이 거니네
손을 잡고 기쁨을 나누면서 단둘이서 한없이 거니네
손을 잡고 기쁨을 나누면서 단둘이서 한없이 거니네

지나간 일들 내가 생각하며 앞날의 될 일 내가 들을 때
믿을 수 없는 꿈만 같은 사실 믿으니 이 세상 천국 같네
믿을 수 없는 꿈만 같은 사실 믿으니 이 세상 천국 같네

나는야 친구 되신 하나님과 영원히 다정하게 지내리
천지는 모두 없어진다 해도 우린 영원히 지내게 되리
천지는 모두 없어진다 해도 우린 영원히 지내게 되리

보상하시는
하나님

"그러나 이스라엘 자손이 내게서 떨어져 곁길로 갔을 때 내 성소의 책무를 지켰던 사독의 아들들 레위인 제사장들이 내게로 와서 나를 섬기리니, 그들이 내게 기름과 피를 드리려고 내 앞에 서리라. 주 하나님이 말하노라"(에스겔 44:15)

"이 땅은 사독의 아들들 중에서 거룩하게 된 제사장들을 위한 것이니, 그들은 내 책무를 지켰으며, 그들은 이스라엘 자손이 잘못 갔을 때에 레위인들이 잘못 간 것처럼 잘못 가지 않았느니라"(에스겔 48:11)

이 세상에는 은혜를 입고 그 은혜를 갚은 이야기들이 많다. 우리가 알고 있는 사자성어 중에 '결초보은'(結草報恩)이라는 단어는 '죽은 뒤에라도 은혜를 잊지 않고 갚는다'는 말이다. 중국 춘추 시대에 진나라의 위과(魏顆)가 아버지가 세상을 떠난 후에 서모를 개가시켜 순사(殉死)하지 않게 하였더니, 그 뒤 싸움터에서 그 서모 아버지의 혼이 적군의 앞 길에 풀을 묶어 적을 넘어뜨려 위과가 공을 세울 수 있도록 하였다는 고사에서 유래한 말이다.

이 세상에서도 은혜를 잊지 않고 반드시 갚는데 하나님은 어떠하실까?

하나님도 성도가 주님의 이름을 향해 보인 모든 수고와 헌신을 하나도 잊지 않으시고 보상하시는 하나님이다.

"이는 하나님께서는 너희의 행위와 사랑의 수고를 잊으실 만큼 불의하지 아니하심이라.

그 사랑은 너희가 성도들을 섬겼고 또 지금도 섬김으로써

그 분의 이름을 향해 보인 것이라" – 히브리서 6:10

성경은 냉수 한 그릇이라도 반드시 갚아 주신다고 약속하셨다.

"「또 누구든지 제자의 이름으로 이 작은 자들 중 하나에게
마실 냉수 한 그릇이라도 주는 사람은
진실로 내가 너희에게 말하노니,
그는 결코 자기상을 잃지 아니하리라」하시더라"
– 마태복음 10:42

"그러므로 나의 사랑하는 형제들아,
견고하라, 흔들리지 말라, 항상 주의 일을 넘치게 하라.
이는 너희의 수고가 주 안에서 헛되지 아니한 줄을
너희가 앎이니라" – 고린도전서 15:58

세상은 배반과 속임과 거짓이 넘쳐나지만 하나님은 우리를 향하여 변치 아니하시고 우리를 축복하시며 하나님을 찾는 자에게 상주시는 분이다.

"그러나 믿음이 없이는 하나님을 기쁘시게 할 수 없나니,
하나님께 나아가는 자는 그 분이 존재하시는 것과

그 분이 자기를 열심히 찾는 자들에게 보상하는 분이심을
마땅히 믿어야 하느니라" - 히브리서 11:6

에스겔 44장에는 모든 사람이 곁길로 갔고 우상을 섬기며 이스라엘 집을 죄악에 빠뜨리고 있었을 때 신실하게 자기의 책무를 지키고 다른 사람들처럼 잘못된 길로 가지 아니하고 바른길을 걸어갔던 제사장 사독의 가문에 대하여 기록하고 있고, 하나님이 그들에게 어떻게 복을 주셨는지를 기록해 놓았다.

"그러나 이스라엘 자손이 내게서 떨어져 곁길로 갔을 때
내 성소의 책무를 지켰던 사독의 아들들 레위인 제사장들이
내게로 와서 나를 섬기리니,
그들이 내게 기름과 피를 드리려고 내 앞에 서리라.
주 하나님이 말하노라" - 에스겔 44:15

"이 땅은 사독의 아들들 중에서
거룩하게 된 제사장들을 위한 것이니,
그들은 내 책무를 지켰으며,
그들은 이스라엘 자손이 잘못 갔을 때에
레위인들이 잘못 간 것처럼 잘못 가지 않았느니라" - 에스겔 48:11

당시 제사장들은 우상을 따라 하나님의 곁을 떠났고 그들의 죄악으로 이스라엘 집을 죄악에 떨어지게도 했다.

"이스라엘이 곁길로 갔을 때 내게서 떠난 레위인들도
그들의 우상을 따라 나를 떠나 곁길로 갔으니,
그들도 그들의 죄악을 담당하리라" – 에스겔 44:10

"그들이 그들의 우상들 앞에서 백성들을 섬겨
이스라엘 집이 죄악에 떨어지게 하였으므로,
내가 그들을 대적하여 내 손을 들어올렸나니
그들이 그들의 죄악을 담당하리라.
주 하나님이 말하노라" – 에스겔 44:12

A. 사독은 누구인가?

역대상과 사무엘하를 참고하면 그는 아론의 후손 아히툽의 아들이다.

"아론의 아들들은 이러하니,
그의 아들 엘르아살과 그의 아들 피느하스와
그의 아들 아비수아와 그의 아들 북키와 그의 아들 웃시와

그의 아들 스라히야와

그의 아들 므라욧과 그의 아들 아마랴와 그의 아들 아히툽과

그의 아들 사독과 그의 아들 아히마아스더라" – 역대상 6:50-53

"아히툽의 아들 사독과 아비아달의 아들 아히멜렉은

제사장이 되고, 스라야는 서기관이 되고" – 사무엘하 8:17

B. 모든 것을 알고 계시는 하나님

사독의 삶을 성경에서 살펴보면 그는 압살롬이 다윗을 반역했을 때, 아도니야가 다윗을 반역하여 왕이 되려고 할 때, 항상 다윗 편에 섰던 귀한 하나님의 사람이었다.

① 압살롬의 난에 다윗 편에 서다.

"그때 보라, 사독 또한 그와 함께한 모든 레위인들과

하나님의 언약궤를 메고 와서 하나님의 궤를 내려 놓았으며,

아비아달도 올라와서 온 백성이 성읍에서 나가기까지 있더라.

왕이 사독에게 말하기를

「하나님의 궤를 성읍으로 다시 운반하라.

만일 주의 눈에 은총을 얻으면 주께서 나를 인도하시어

그 궤와 그 계신 처소를 내게 보여 주시리라.

그러나 만일 주께서 내가 너를 기뻐하지 아니하노라」하시면

「보소서, 내가 여기 있나이다」하고

「주께서 좋게 여기시는 대로 내게 행하실지라」하더라.

왕이 또 제사장 사독에게 말하기를

「너는 선견자가 아니냐?

너는 너와 함께한 네 두 아들 곧 네 아들 아히마아스와

아비아달의 아들 요나단을 데리고

평안히 성으로 돌아가라」"

– 사무엘하 15:24-27

② 아도니야의 난에 다윗과솔로몬의 편에 서다.

다윗의 군대대장 요압도 제사장 아비아달도 다윗을 반역하고 아도니아 편에 서 있었다.

"그가 스루야의 아들 요압과 제사장 아비아달과 모의하니,

그들이 아도니야를 좇아 그를 도왔으나" – 열왕기상 1:7

성경에서 살펴보면 다른 사람들과 달리 나단과 사독은 변함없이 다윗 편에 서 있었다.

"그러나 나(나단), 즉 당신의 종인 나와 제사장 사독과

여호야다의 아들 브나야와 당신의 종 솔로몬은

그가 청하지 아니하였나이다" – 열왕기상 1:26

"거기서 제사장 사독과 선지자 나단은

그에게 기름을 부어 이스라엘을 다스릴 왕으로 삼고,

너희는 나팔을 불어 '솔로몬왕 만세' 하라.

그런 후에 너희는 그의 뒤를 따라 올라오라.

그러면 그가 와서 내 보좌에 앉으리니,

그가 내 대신 왕이 되리라.

내가 그를 이스라엘과 유다를 다스릴 치리자로 정하였느니라"

– 열왕기상 1:34-35

하나님은 사독의 삶의 모든 과정을 정확히 아셨고 후에 축복하셨는데 오늘도 하나님은 우리의 모든 것을 알고 계신다.

③ 모든 행위를 아시고 생각과 상상을 아신다.

"오 주여, 주께서는 나를 살펴보셨으며 또 나를 아셨나이다.

주께서는 나의 앉고 서는 것을 아시며,

나의 생각을 멀리서도 아시나이다" – 시편 139-1-2

"너, 내 아들 솔로몬아, 너는 네 아버지의 하나님을 알라.

그리고 온전한 마음과 기쁜 뜻으로 그 분을 섬기라.

주께서는 모든 마음을 살피시고 생각의 모든 상상을 아시나니,

만일 네가 그 분을 찾으면 그가 너를 만나실 것이나,

만일 네가 그 분을 버리면 그가 너를 영원히 버리시리라"

– 역대상 28:9

"주께서는 높이 계셔도 낮은 자들을 눈여겨보시며,

멀리서도 교만한 자들을 아시나이다" – 시편 138:6

④ 내 입의 모든 말을 아신다.

"보소서, 오 주여,

주께서 알지 못하시는 내 입의 말은 한 마디도 없나이다"

– 시편 139:4

⑤ 나의 걸어 온 길을 아신다.

"주께서는 나의 길과 나의 눕는 것을 샅샅이 아시며,

나의 모든 길들을 익히 아시나이다" – 시편 139:3

⑥ 수고한 일을 아신다.

"주 안에서 수고하는 트루페나와 트루포사에게 문안하라.

주 안에서 많이 수고하는 사랑하는 펄시에게 문안하라"

– 로마서 16:12

⑦ 이 세상의 세세한 모든 사건을 아신다.

참새의 가격과 죽음도 아신다.

"참새 두 마리가 한 앗사리온에 팔리지 아니하느냐?

그러나 너희 아버지 없이는 그 중 한 마리도

땅에 떨어지지 아니하리라" – 마태복음 10:29

⑧ 짐승의 배고픔과 갈증을 아시고
물과 먹을 것을 주신다.

"그가 골짜기들에 샘들을 보내시어

산들 사이로 흐르게 하셨도다.

그 물들이 들의 모든 짐승들에게 마실 것을 주니,

들나귀들도 갈증을 해소하는도다.

하늘의 새들도 그 물가에 자기들의 처소를 가지며

가지 사이에서 노래하는도다.

그가 자기 방들에서부터 산들에 물을 주시니,

땅이 주의 일들의 열매로 인하여 만족하도다.

그가 가축을 위하여 풀을, 사람을 위하여 채소를 자라게 하시니,

이는 땅에서 먹을 것이 나게 하심이며" – 시편 104:10-14

⑨ 바다 속에 거하는 모든 것을 아시며
　그들에게 양식을 공급하신다.

"이 크고 넓은 바다가 그러하오며,

그 속에 기어다니는 것들, 즉 크고 작은 짐승들은

셀 수가 없나이다.

거기에 배들이 다니며 리비야단이 있으니,

주께서 거기서 노니게 하신 것이니이다.

이것들이 모두 주를 바라오니, 이는 주께서

때를 따라 그들에게 먹이를 주심이니이다.

주께서 그들에게 주시면 그들이 모이고,

주께서 주의 손을 펴시니 그들이 좋은 것으로 채워지나이다"

– 시편 104:25-28

⑩ 모든 사람들의 경제사정과 헌금 내역을 아신다.

"그때 한 가난한 과부가 와서 두 렙타,

곧 한 고드란트를 넣으니라" – 마가복음 12:42

⑪ 모든 선행과 죄를 아신다.

"이와 같이 어떤 사람들의 선행도 먼저 드러나고
그렇지 않은 자들도 숨길 수 없느니라" – 디모데전서 5:25

"하늘이 그의 죄악을 드러낼 것이요
땅이 그를 대적하여 일어나리라" – 욥기 20:27

"깊고 은밀한 일들을 나타내시니, 그는 어두움 속에 있는 것을
아시며, 빛은 그와 함께 거하는도다" – 다니엘 2:22

⑫ 하나님께 속했는지 사탄에게 속했는지 아신다.

"그러나 하나님의 기초는 확고히 서 있고 이러한 봉인이 있으
니, 곧 '주께서는 자기에게 속한 자들을 아시며 또 그리스도의
이름을 부르는 자는 누구라도 죄악에서 떠나라.'는 것이라"

– 디모데후서 2:19

위의 모든 내용을 살펴보면 하나님이 알지 못하시는 것
이 하나도 없다.

아시는 것에서 끝나는 것이 아니라 그들의 행위대로 보
상하는 하나님이시다.

C. 반드시 보상하시고 되갚아 주시는 신실하신 하나님

하나님은 우리 삶의 모든 부분을 아시기에 우리의 선행과 주를 향한 헌신을 사람들이 몰라주어도 낙심할 필요가 없다. 하나님은 모든 것을 알고 계시기에 우리의 행위에 따라 반드시 보상하신다.

잠시 다윗이 죽어갈 때 자신과 함께했던 사람들의 상벌을 어떻게 처리하였는지 살펴보자.

① 아브넬과 아마사를 평안할 때 죽였기때문에

"요압은 평안히 백발로 내려가지 못하게 하라" – 열왕기상 2:5-6

② "그러나 길르앗인 바실래의 아들들에게는
친절을 베풀어 그들로 네 식탁에서
먹는 자들 중에 있게 하라.
내가 네 형 압살롬으로 인하여 도망하였을 때
그들이 내게로 그렇게 나아왔느니라" – 열왕기상 2:7

③ "또, 보라, 바후림에 속한 베냐민인 게라의 아들
시므이가 너와 함께 있으니, 내가 마하나임으로 가던 날
그가 심한 저주로 나를 저주하였느니라.

그러나 그가 요단으로 나를 맞이하러 내려왔을 때

내가 그에게 주로 맹세하여 말하기를

'내가 너를 칼로 죽이지 아니하리라' 하였느니라" – 열왕기상 2:8

④ "그러므로 이제 나를 세워 내 아버지

다윗의 보좌에 오르게 하셨으며

또 약속하신 대로 나를 위하여

한 집을 세우신 주께서 사시는 한

아도니야가 오늘 죽임을 당하리라" 하고 – 열왕기상 2:24

위의 내용은 우리가 아는 대로 솔로몬이 정확하게 다윗의 명대로 처리하였다.

다윗을 어떻게 대하였는지가 기준이었다.

다윗은 그리스도의 모형이다. 앞으로 하나님은 우리의 삶이 그리스도를 어떻게 섬겼는지에 대하여 하나도 잊지 않으시고 상벌을 허락하실 것이다.

우리가 잠시 전 성경에서 본 그대로….

이제 다시 우리의 관심을 사독에게로 돌려보자.

하나님은 사독을 어떻게 대하셨는가?

하나님은 사독의 신실함을 모두 알고 계셨다.

솔로몬은 다윗 사후에 아비아달을 제사장직에서 파면하고 사독을 제사장으로 삼았다.

솔로몬이 아비아달을 제사장직에서 쫓아낸 이유는 아도니야를 도와 다윗을 반역하여 스스로 왕이 되려 했던 아도니야 편에 섰기 때문이다

"또 왕이 제사장 아비아달에게 말하기를
'너는 네 고향 땅 아나돗으로 가라.
네가 죽어야 마땅하나 내가 이번에는 너를 죽이지 아니하리니,
이는 네가 내 아버지 다윗 앞에서 주 하나님의 궤를 메었음이며,
또 내 아버지가 고난받은 모든 일에
네가 고난을 받았음이라 '하니라.
그리하여 솔로몬이 아비아달을 주의 제사장 직분에서
쫓아내었으니,
이는 실로에서 엘리의 집에 대하여 하신
주의 말씀을 이루려 함이더라" – 열왕기상 2:26-27

"왕이 요압의 자리에 여호야다의 아들 브나야를 두어
군대를 다스리게 하고,
또 제사장 사독을 아비아달의 자리에 두니라" – 열왕기상 2:35

성경은 에스겔서에서도 사독의 후손들에 대하여 그들의 아름다운 모습을 다음과 같이 표현하였다.

"그러나 이스라엘 자손이 내게서 떨어져 곁길로 갔을 때

내 성소의 책무를 지켰던 사독의 아들들 레위인 제사장들이

내게로 와서 나를 섬기리니,

그들이 내게 기름과 피를 드리려고 내 앞에 서리라.

주 하나님이 말하노라" – 에스겔 44:15

"이 땅은 사독의 아들들 중에서

거룩하게 된 제사장들을 위한 것이니,

그들은 내 책무를 지켰으며,

그들은 이스라엘 자손이 잘못 갔을 때에

레위인들이 잘못 간 것처럼 잘못 가지 않았느니라"

– 에스겔 48:11

얼마나 신실하신 하나님이신가?

과거 이 땅의 성막에서는 레위인들이 봉사하였다.

그 가운데 아론의 후손이 제사장 자리에 있었다.

솔로몬의 성전에서는 아비아달 대신 사독이 거룩한 제사장직을 수행하였다.

다시 에스겔서의 성전에서도 사독의 후손들을 제사장으로 삼아 하나님 앞에 설 수 있는 놀라운 축복을 허락하셨다.

이는 다른 사람들은 다 곁 길로 갔지만 그들은 어떤 환경 속에서도 자기의 책무를 저버리지 아니하고 신실하게 자기가 가야 할 길을 갔기 때문이다.

사랑하는 독자여!
하나님은 얼마나 신실하신 분인가!
성도의 작은 수고 하나도 잊지 않으시고 반드시 그들의 수고와 행위를 따라 보상하시는 분이다.
이 땅에서도 주님의 나라에서도 반드시 보상하시고 되 갚아 주시는 하나님이다.

성도들의 수고는 종종 왼손이 한 일을 오른손이 모르지만 하나님이 보상하시고 상급을 주실 때는 공개적으로 모든 사람들 앞에서 상을 주시고 축복하신다.
하나님은 행한 대로 갚아 주고 생각한 대로 갚아 주시는 분이 아니다.
사람들은 늘 생각만 하고 행하지 않는다.
"그래도 너희는 말하기를
'주의 길이 공평하지 아니하도다' 하는도다.
오 너희 이스라엘 집아, 내가 너희 각자를 자기가 행한 대로 심판하리라" – 에스겔 33:20

"이제 인자가 자기 아버지의 영광으로

자기 천사들과 함께 오리니,

그때에 그가 각자에게 그들의 행한 대로 상 주실 것이라"

– 마태복음 16:27

D. 보상하시는 하나님 앞에 변치 않는 신실한 그리스도인이 되자

보상하시는 하나님을 기억하며 우리의 삶이 하나님 앞에서 사독과 같이 신실한 하나님의 사람들이 되기를 원한다. 신실한 사람들을 말씀에서 잠시 살펴보자. 하나님 앞에 쓰임 받고 존귀한 사람들은 다 신실한 사람들이었다.

"아히멜렉이 왕에게 대답하여 말하기를

"왕의 모든 신하 가운데서 다윗처럼 신실한 자가 누구니이까?

그는 왕의 사위이며 왕의 측근 회의에도 가고

왕실에서 존귀한 자가 아니니이까?" – 사무엘상 22:14

"내가 내 형제 하나니와 궁의 관리자 하나냐로

예루살렘을 다스리게 하였으니,

이는 그가 신실한 사람이요

많은 사람들보다 하나님을 더욱 두려워하였음이더라"

– 느헤미야 7:2

"또 내가 제사장 셀레먀와 서기관 사독과 레위인 프다야요

그들 다음으로는 맛타냐의 손자, 삭쿨의 아들 하난으로

재무를 감독하는 재무관들로 삼았으니,

이는 그들이 신실한 자들로 여겨졌음이라.

그들의 직분은 그들의 형제들에게 분배하는 것이었더라"

– 느헤미야 13:13

"이로 인하여 내가 디모데를 너희에게 보냈으니,

그는 나의 사랑하는 아들이며 주 안에서 신실한 자니라.

내가 각처 각 교회에서 가르친 대로

그리스도 안에 있는 나의 방도를 너희에게 생각나게 하리라"

– 고린도전서 4:17

"하나님의 뜻에 따라 예수 그리스도의 사도가 된 바울은

에베소에 있는 성도들과 그리스도 예수 안에 있는

신실한 자들에게 쓰노니" – 에베소서 1:1

"골로새에 있는 그리스도 안의 성도들과

신실한 형제들에게 쓰노라.

하나님 우리 아버지와 주 예수 그리스도로부터

은혜와 평강이 너희에게 있을지어다" – 골로새서 1:2

"오, 너희 모든 성도들아, 주를 사랑하라.

주께서는 신실한 자를 보호하시고 교만히 행하는 자에게

충분히 갚으시기 때문이라" – 시편 31:23

"내 눈이 그 땅의 신실한 자들 위에 있으리니,

그들이 나와 함께 거할 것이요, 완전한 길로 행하는 자가

나를 섬기리이다" – 시편 101:6

위에서 살펴본 대로 하나님은 신실한 자들을 보호하시고 하나님의 눈은 신실한 자들 위에 있다.

흔들림이 없고 묵묵히 어떤 환경 속에서도 충실하게 주님을 따르며 주님 편에 선 자들을 하나님은 한 사람도 잊지 않고 기억하고 계신다. 그리고 그들의 행위대로 반드시 보상하시고 축복하신다.

이웃도, 직장도, 가까운 친구도, 세상도, 종종 국가도 사람의 수고를 몰라주고 버릴 때가 있다. 하지만 하나님은 결코 우리의 수고를 모른다 하지 않으시고 반드시 갚아주시는 한 분이시다.

그러므로 하나님을 사랑하며 주의 일을 더 열심히 하시

기 바란다.

"그러므로 나의 사랑하는 형제들아,

견고하라, 흔들리지 말라, 항상 주의 일을 넘치게 하라.

이는 너희의 수고가 주 안에서 헛되지 아니한 줄을

너희가 앎이니라" – 고린도전서 15:58

이 땅에 제2, 제3의 사독과 같은 신실한 하나님의 사람들이 많이 일어나기를 소망한다.

잠시 후에 주님이 다시 오시는데 왜 예수님이 속히 오시려는지 아는가?

우리에게 줄 상이 있기 때문이다.

"보라, 내가 속히 오리니 내가 줄 상이 내게 있어

각 사람에게 그의 행위에 따라 주리라" – 요한계시록 22:12

큰 고난의 산을 넘게 하시는 이유

"내가 고난을 당한 것이 내게 좋사오니,
이는 내가 주의 규례들을 배우게 되기 때문이니이다" (시편 119:71)

고난의 산을 넘으면서 우리는 고난을 겪지 않으면 배울 수 없는 영적인 놀라운 사실들을 주님으로부터 배울 수 있다. 시편 기자는 이 사실을 '하나님의 선하심을 맛보아 알라'고 표현했다.

"오, 주의 선하심을 맛보아 알지어다.

그를 의지하는 자는 복이 있도다" – 시편 34:8

종종 우리는 왜 우리에게 이런 고난을 주셨는지 하나님께 원망 섞인 목소리로 물어본다.

'주님 왜 나에게 이런 일이 일어났습니까?'

'불신자들이 나를 보고 뭐라 하겠습니까?'

'모든 일이 만사형통하여 불신자들에게 주를 섬기는 자들이 이렇게 된다고 좀 보여주시면 안되겠습니까?'

우리가 고난 당할 때 우리의 마음 속에 품게 되는 생각들이다.

하나님은 우리에게 재앙을 주거나 슬픔을 주는 것을 원치 않는다.

"이는 내가 너희를 향하여 생각하는 그 생각들을 내가 앎이니,
곧 화평의 생각이요 재앙이 아니라.
기대하던 끝을 너희에게 주리라. 주가 말하노라"

– 예레미야 29:11

모든 고난은 변장하고 찾아오는 축복이며 고난에는 반드시 하나님의 계획과 뜻이 있다.

이 고난의 시간은 하나님이 복 주시기 위하여 당신을 특별히 붙잡고 있는 시간이다.

당시에는 알지 못하지만 큰 고난의 산을 넘고 나면 우리는 그 시간이 얼마나 복되고 유익했는지 깨닫게 된다.

그 유익을 깨닫지 못했을 때에는 "왜 나에게 이런 일을 주시는가?"라는 원망의 눈물도 흘리지만 고난의 참된 의미를 깨닫고 나면 우리는 감사의 눈물을 흘리게 된다. 원망의 눈물이 감사의 눈물로, 슬픔의 눈물이 기쁨의 눈물로 바뀌게 되는 것이다.

이제 고난의 유익에 대하여서 살펴보자.

A. 육신적인 사람이 영적인 사람으로 변하게 됨

고난은 육신적인 사람을 영적인 사람으로 변하게 한다.

땅의 사람을 하늘의 사람으로 변화 받게 한다.

고난을 겪으면 제일 먼저 우리는 겸손해지며 자신의 무능함을 발견하게 된다.

주님께서 이스라엘을 광야 길로 인도하신 이유다.

고난을 통하여 말씀을 배우며 말씀으로만 살아가는 사람으로 바뀐다.

불순종의 사람이 순종의 사람으로 바뀐다.

세상에서 의지하던 모든 것을 버리고 조용히 주님만을 의지하는 사람으로 바뀐다.

죄를 버리고 정결한 삶을 살아가는 사람으로 바뀐다

이런 영적 축복을 위하여 하나님은 우리에게 고난을 허락하신다. 좋은 길을 두고 크고 두려운 광야 불뱀과 전갈이 있고 가뭄이 있던 곳으로 이스라엘 백성을 인도하신 이유이다(신명기 8:15).

① 겸손하게 함

"주 너의 하나님께서 이 사십 년 동안 광야에서

너를 인도하셨던 모든 길을 너는 기억하라.

이는 너를 겸손하게 하시고 시험하사

네가 주의 계명들을 지키는지 그렇지 않은지

네 마음 속에 있는 것을 알려 하심이니라" - 신명기 8:2

② 인간의 무능과 한계를 발견하게 함

"내일 일을 너희가 알지 못하는도다

너희 생명이 무엇이냐 너희는 잠깐 보이다가 없어지는 안개니

라" - 야고보서 4:14

"그들은 육체이며

가고 다시 돌아오지 못하는 바람임을 기억하셨음이라"

- 시편 78:39

"이는 그가 우리의 체질을 아시며

우리가 단지 먼지뿐임을 기억하심이로다" - 시편 103:14

사람이란 존재는 내일 일을 알지 못하는 잠깐 보이다 없어지는 안개요, 다시 돌아오지 못하는 바람이며, 먼지일 뿐이다. 잠시 후 흙으로 돌아가는 것이 사람이다.

③ 말씀을 배우며 말씀으로 살아가는 삶을 배움

"내가 고난을 당한 것이 내게 좋사오니,

이는 내가 주의 규례들을 배우게 되기 때문이니이다"

- 시편 119:71

"주께서는 너를 겸손하게 하시고 너를 배고프게 하셨으며,

너도 모르고 네 조상도 모르는 만나로 너를 먹이셨으니,

이는 사람이 빵으로만 사는 것이 아니요

주의 입에서 나오는 모든 말씀으로 사는 것을

너로 알게 하심이니라" – 신명기 8:3

고난을 통하여 삶의 체험으로 성령의 직접적인 가르침을 받게 된다.

하나님의 능력의 말씀의 가르침을 받는다.

이 말씀들은 삶에서 큰 능력이 되고 마음에 담대함을 갖게 되며 누구 앞에서라도 당당히 하나님의 말씀을 전할 수 있게 된다. 이 말씀들은 나를 변화 시킬뿐더러 다른 사람의 영에 큰 은혜를 끼치는 살아있는 말씀이 된다.

오늘날 수많은 설교가 이 땅에 선포되고 있지만 이론과 지식의 말씀, 인간의 지혜와 생각에서 나온 능력 없는 설교가 얼마나 많은가?

고난은 우리의 믿음의 날개에 힘을 더하여 더 깊고 넓은 말씀의 세계로 날아갈 수 있는 능력이 된다.

지난 세월 동안 눈물을 흘리며 고통과 고난 가운데 배운 말씀은 평생 동안 잊히지 않으며 그 말씀들을 생각할 때마다 다시 마음이 뜨거워지며, 다시 하나님을 외치며, 주님 앞으로 힘 있게 달려 가게 한다.

"'너희는 하나님의 선하심을 맛보아 알지어다" – 시편 34:8

하나님의 선하심을 맛보는 기회는 고난을 통해서 기도하고 씨름하여 그 고난에서 건짐을 받았을 때 비로서 우리는 하나님의 선하심을 맛볼 수 있게 된다(시편 34:8).

사람을 다듬으시고 그 후 말씀을 가르치셔서 그를 떡으로 살아가는 사람이 아니라 하나님의 말씀으로 살아가는 영적인 사람으로 변화시키기 위하여 고난을 허락하신다.

④ 불순종의 사람을 순종의 사람으로

"내가 고난을 당하기 전에는 헤맸으나

이제는 주의 말씀을 지키나이다" – 시편 119:67

많은 사람이 고난 당하기 전에는 불순종의 삶을 살아가지만 고난 이후 조용히 자기의 뜻을 꺾고 순종의 사람으로 변한다. 이것이 주님이 우리에게 고난을 허락하시는 이유이다.

⑤ 주님만 의지하는 사람으로 변화시킴

"우리는 우리 자신 속에 사형 선고를 받았으니

이는 우리로 우리 자신을 신뢰하지 아니하고

죽은 자들을 살리시는 하나님만을 신뢰하게 하려 함이라"

– 고린도후서 1:9

"주가 이같이 말하노라.

사람을 신뢰하는 사람과 육신을 그의 무기로 삼는 사람과

그의 마음이 주로부터 떠난 사람은 저주를 받으리라.

그는 사막에 히스 나무같이 되어 좋은 일이 오는 때를 보지 못하고

광야와 소금 땅과 사람이 살지 않는 바싹 마른 곳들에 거하리라"

- 예레미야 17:5-8

주를 신뢰하고 그의 소망을 주께 두는 사람은 복이 있도다.
그는 물가에 심겨진 나무가 강가에 그 뿌리를 뻗침과 같아서
더위가 와도 걱정하지 않고, 그 잎이 푸르러 가뭄의 해에도
염려하지 않고 열매를 맺는 것도 그치지 아니할 것임이라.

고난이 우리에게 주는 유익이 얼마나 많은가?
고난은 우리를 주님의 사람으로 변화시킨다.
땅의 사람을 하늘의 사람로 변화시키는 시간이다.
육신적인 사람을 영적인 사람으로 변화시킨다.
주님을 닮아가는 성숙한 그리스도인으로
우리를 변화 시키는 시간이다.
마음 깊숙이 숨겨진 죄와 교만, 허물을 버리는 시간이다.
자신이 무엇인가를 할 수 있다는 생각을
온전히 비우는 시간이다.
모든 사람을 품을 수 있는 큰 그릇으로

변화시키는 시간이다.
모든 일에 주의 뜻을 따라 행하는 사람으로
변화하게 하는 시간이다.

B. 주님이 우리를 얼마나 세밀히 사랑하고 계신지 체험하는 시간

고난의 시간은 주님이 우리를 얼마나 깊이 사랑하고 계신 지 체험하는 시간이다.

사도 바울만큼 고난이 많았던 사람도 드물다.

바울은 다음과 같이 간증하였다.

"그들이 그리스도의 일꾼이냐

정신 없는 말을 하거니와 나는 더욱 그러하도다.

내가 수고를 넘치도록 하고 옥에 갇히기도 더 많이 하고

매도 수없이 맞고 여러 번 죽을 뻔하였으니

유대인들에게 사십에서 하나 감한 매를 다섯 번 맞았으며

세 번 태장으로 맞고 한 번 돌로 맞고 세 번 파선하고

일 주야를 깊은 바다에서 지냈으며

여러 번 여행하면서 강의 위험과 강도의 위험과 동족의 위험과

이방인의 위험과 시내의 위험과 광야의 위험과

바다의 위험과 거짓 형제 중의 위험을 당하고

또 수고하며 애쓰고 여러 번 자지 못하고

주리며 목마르고 여러 번 굶고 춥고 헐벗었노라"

– 고린도후서 11:23-27

우리가 상상할 수 없는 고난을 겪었지만 고린도후서 1장에는 하나님은 그를 따뜻이 위로해 주셨다고 기록되어 있다. **고린도후서 1장에서 '고난'이라는 단어가 여러 번 등장한다. 그런데 특이한 점은 고난이라는 단어 후에 연이어 나타나는 단어가 있는데 그것은 바로 '위로'라는 단어다.** 하나님은 고난만 주지 않으시고 그를 따뜻이 위로해 주셨다는 것이다.

위로를 받으며 그는 주님이 그를 얼마나 사랑하는지 깊이 체험하였을 것이다. 그러므로 그의 인생 속에 또 다른 고난이 찾아와도 주님이 자신을 사랑하시기에 이 고난 가운데도 나와 함께하시며 이 고난도 주님의 위로와 사랑 가운데 이겨 낼 수 있다고 확신하였을 것이다. 주님이 그를 얼마나 사랑하셨는지 우리는 말로 다 표현할 수 없다.

"찬송하리로다.

그는 우리 주 예수 그리스도의 하나님이시요 자비의 아버지시요

모든 위로의 하나님이시며

우리의 모든 환난 중에서 우리를 위로하사

우리로 하여금 하나님께 받는 위로로써

모든 환난 중에 있는 자들을 능히 위로하게 하시는 이시로다.

그리스도의 고난이 우리에게 넘친 것 같이

우리가 받는 위로도

그리스도로 말미암아 넘치는도다.

우리가 환난 당하는 것도 너희가 위로와 구원을

받게 하려는 것이요

우리가 위로를 받는 것도 너희가 위로를 받게 하려는 것이니

이 위로가 너희 속에 역사하여 우리가 받는 것 같은 고난을

너희도 견디게 하느니라.

너희를 위한 우리의 소망이 견고함은

너희가 고난에 참여하는 자가 된 것 같이

위로에도 그러할 줄을 앎이라.

형제들아 우리가 아시아에서 당한 환난을

너희가 모르기를 원하지 아니하노니

힘에 겹도록 심한 고난을 당하여

살 소망까지 끊어지고 우리는 우리 자신이

사형 선고를 받은 줄 알았으니

이는 우리로 자기를 의지하지 말고

오직 죽은 자를 다시 살리시는 하나님만 의지하게 하심이라"

　— 고린도후서 1 : 3-9

바울과 비교할 수는 없지만 지난 세월 내게도 크고 작은 고난이 많이 있었고 그만큼 주의 위로를 경험하였다. 그리고 그때마다 주님이 나를 사랑하신다는 사실을 체험할 수 있었다. 그 위로는 오늘 함께 주님을 섬기며 고난받는 형제자매들을 위로할 수 있는 지혜가 된다.

또 고난받는 형제자매들을 주님의 사람으로 변화 받게 하는 능력이 되었다. 고난은 우리로 하나님의 세밀한 사랑을 깊이 체험하는 복된 시간이다.

C. 잠자던 영적 상태를 깨어나게 함

주님을 섬기면서 하나님으로부터 축복이 너무 많아질 때 우리는 종종 영적으로 해이해지기 시작한다. 구약 이스라엘 백성들에게는 주님이 다음과 같이 경계하셨다.

"네가 먹고 배부르면 그때 너는 주 너의 하나님께서 네게 주신
그 아름다운 땅으로 인하여 그를 송축할지니라.
오늘 네게 명령하는 주의 계명들과 명령들과 규례들을
지키지 않음으로
주 너의 하나님을 잊지 않도록 주의하라" - 신명기 8:10-11

먹고 배부르면 하나님을 잊기 쉬우니 유의하라고 하셨다.

신명기 8장12-14절에서는 다시 한번 먹고 배부를 때 좋은 집을 짓고 생활이 안정될 때 하나님을 잊지 말라고 경고하셨다.

"이는 네가 먹고 배부르고 또 아름다운 집들을 짓고
그 안에 거하며 네 소떼와 양떼가 번성하고 네 은과 금이 증식되고
네가 가진 모든 것이 번성하면
네 마음이 교만하여져서 종의 집 이집트에서
너를 인도해 내신 주 너의 하나님을 네가 잊어버릴까 함이라"

– 신명기 8:12-14

사람의 마음은 생활이 안정되고 부족함이 없을 때 쉽게 교만해지며 하나님의 은혜로 오늘이 있다는 사실을 망각한 채 자신의 능력으로 모든 것이 이루어졌다고 착각할 때가 얼마나 많은가?

고난은 영적으로 흐트러지고 무감각해지는 우리를 다시 일깨워 하나님의 은혜의 보좌 앞에 무릎을 꿇게 하시고 마음을 낮추시고 영적인 감각을 새롭게 해주신다.

이제까지는 무질서하게 지냈지만 고난이 오면 모든 것에 절제하며, 하나님을 두려워하며, 삶의 우선순위를 바르게

정하여 하나님을 최우선 순위에 두게 된다.

영적으로 깨어있다는 증거는 우선순위가 하나님이 되셔서 절제하며 하나님 중심으로 내 삶이 바뀌는 것을 의미한다.

기도를 멈춘 삶에서 다시 기도하고
말씀이 멀어졌던 삶이 다시 말씀 앞으로 돌아가며
형식적인 예배가 간절한 마음으로 예배를 소중히 여기며
세상의 노랫가락이 흘러나오던 입술에서
다시 찬양이 넘치고
고난은 하나님과 멀어졌던 우리를
하나님께로 가까이 다가가게 하는 큰 복을 허락한다.

D. 깨끗하게 함

고난은 가장 먼저 자신을 살펴보면서 혹여 하나님 앞에 죄가 있는지 살펴보게 된다.

하나님은 하나님의 교회에 금그릇, 은그릇, 나무와 진흙으로 만든 그릇도 있지만(디모데후서 2:20) 하나님이 사용하시는 그릇은 언제나 깨끗한 그릇이다.

하나님은 우리로 더 열매 맺게 하기 위하여 우리를 수시로 깨끗하게 하신다(요한복음 15:2).

고난이나 징계의 목적은 우리를 바로잡아 하나님의 거룩함에 동참케 하기 위함이다.

더러운 삶을 버리고 다시 정결한 삶을 살아가게 된다.

다시 의의 열매를 맺고, 하나님이 기뻐하시는 성령의 열매를 맺으며 살아갈 수 있는 거룩하고 정결한 사람으로 고난은 우리를 깨끗한 그릇으로 변화시키는 능력을 가지고 있다.

하나님은 빛이시며 그분께는 어두움이 조금도 없다.

어두움 속에서는 어떤 하나님의 일도 할 수 없다. 어두움은 오직 사탄의 세계에 존재하는 것이기 때문이다. 날마다 빛 가운데서 하나님의 은혜로 세상을 향하여, 하나님을 향하여 담대하게 살아가기를 소망한다. 하나님은 우리가 담대함을 가질 때 기도에 응답하신다.

"우리가 그의 안에서 가지는 담대함이 이것이니,

그의 뜻대로 무엇이든지 구하면 그가 우리를 들으시는 것이라.

우리가 구하는 것은 무엇이나 그가 들으시는 줄을 안다면,

우리가 그에게 구한 요청들을 받은 줄도 아느니라"

– 요한1서 5:14-15

ㅌ. 기도를 배우게 됨

고난은 우리를 하나님 앞에 조용히 무릎을 꿇게 하는 기도의 사람으로 변화시킨다.

모든 것이 갖추어져 있을 때 하는 기도와 고난과 시련 속에서 눈물로 부르짖는 기도는 큰 차이가 있다. 고난은 하나님이 우리에게 기도의 영을 부어주셔서 골방을 찾게 하고 그곳에서 주님을 깊이 만나게 하신다. 우리는 그때 진짜 기도가 무엇인지를 배우게 된다.

"나를 부르라. 그리하면 내가 네게 응답하겠고

네가 알지 못하는 크고 능력있는 일들을 네게 보이리라"

— 예레미야 33:3

"의인이 부르짖으니 주께서 들으시고

그들의 모든 고난으로부터 그들을 구해 내시는도다"

— 시편 34:17

"고난의 날에 나를 부르라. 내가 너를 구해 낼 것이요,

너는 나를 영화롭게 하리라" — 시편 50:15

"그가 나를 부르리니 내가 그에게 응답하리라.

고난 중에 내가 그와 함께할 것이며,

내가 그를 구해 내고 그를 영화롭게 하리라" — 시편 91:15

많은 하나님의 사람들이 고난 가운데 주를 부르고 주를 찾았으며 그 결과 기도에 응답받았으며 고난에서 구원을 얻었다. 주님도 우리가 영적으로 성장해 가며 기도의 사람이 되기를 간절히 원하신다.

전신갑주를 입고 싸우는 영적 군사에 대하여 에베소서 6장에서는 마지막을 모든 기도와 간구로 항상 성령 안에서 기도해야 할 것을 강조하셨다.

"모든 기도와 간구로 항상 성령 안에서 기도하고
이를 위하여 모든 성도들을 위해
모든 인내와 간구로 깨어 있으라" – 에베소서 6:18

고난은 우리를 골방의 사람으로 변화하게 한다.
아울러 성도들의 합심함의 기도를 배우게 한다.

"진실로 내가 너희에게 말하노니,
무엇이든지 너희가 땅에서 묶으면 하늘에서도 묶일 것이요,
또 무엇이든지 너희가 땅에서 풀면 하늘에서도 풀어지리라.
다시 내가 너희에게 말하노니,
만일 너희 중에 두 사람이 무엇이든지 구할 것을
땅에서 합심하면 하늘에 계신 내 아버지께서
그들에게 이루어 주실 것이라.

두 세 사람이 내 이름으로 함께 모이는 곳에는 나도 그들 가운데 있느니라" – 마태복음 18:18-20

이 말씀은 우리에게 하늘이 땅을 움직이는 것이 아니라 땅이 하늘을 움직이는 것에 대하여 기록해 두었다. 땅에서 풀면, 땅에서 합심하면, 하늘에서 풀어주고, 하늘에서 이루어 주신다고 약속하셨다. 이 세상의 모든 것은 하나님의 은혜와 역사로 하늘에서 모든 것이 시작되지만 땅에서 하늘을 움직 일 수 있는 것은 오직 기도뿐이다.

엘리야의 땅에서의 간절한 기도는 3년 6개월 동안 닫혀 있었던 하늘을 열어 비를 이 땅에 내리게 하였다. 우리 앞서간 많은 하나님의 사람들의 간절한 땅에서의 기도는 하나님의 보좌를 움직이고 하늘문을 열어 하늘의 보화들을 이 땅에 쏟아붓게 하였다.

이 큰 고난의 산을 넘으면서 나를 위하여 기도해 주는 국내외 많은 동역자들과 성도들은 내게 얼마나 큰 힘이 되었는지 모른다. 하나님은 반드시 고난 가운데 부르짖는 성도의 기도를 외면하지 않으신다. 합심하여 공동으로 함께하는 기도를 결코 모른다 하지 않으시고 응답하신다.

사막 한가운데에서 하갈의 부르짖음에 자비를 베푸신 하나님을 기억하는가?

"아브라함이 아침에 일찍 일어나

빵과 물 한 병을 취하여 하갈에게 주어

그녀의 어깨에 메어 주고 아이와 그녀를 떠나 보내니라.

그녀가 떠나서 브엘세바의 광야에서 방황하더니" - 창세기 21:14

"병의 물이 떨어지니 그 아이를 한 덤불 아래에다 놓아 두더라.

그녀가 가서 화살이 미치는 거리만큼 떨어진 곳에

마주앉아 말하기를

'내가 자식의 죽음을 보지 않으리라'하며

그녀가 아이 쪽을 보고 앉아 그녀의 목청을 높여 울더라.

하나님께서 그 아이의 목소리를 들으셨으니

하나님의 천사가 하늘에서 하갈을 불러 그녀에게 말하기를

'하갈아, 무엇이 너를 괴롭히느냐? 두려워 말라.

이는 하나님께서 아이가 있는 곳에서

그의 목소리를 들으셨음이라.

일어나 아이를 일으켜 네 손으로 그를 붙들라.

이는 내가 그로 큰 민족을 이룰 것임이라'하더라.

하나님께서 그녀의 눈을 열어 주시니

그녀가 샘물을 보고 가서 물을 병에다 채워

아이에게 주어 마시게 하더라" - 창세기 21:15-19

자식의 죽음 앞에 울부짖는 하갈을 향하여 주님은 "그 아이의 목소리를 내가 들었다"라고 말씀하시면서 하갈과 이스마엘에게 자비를 베푸신 것처럼 왜 하나님이 성도의 간절한 기도에 응답하지 아니하시겠는가?

하나님은 반드시 간절한 부르짖음에 가까이 하시고 응답하시는 좋은 분이다.

"주께서는 자기를 부르는 모든 사람들에게와

자기를 진실로 부르는 모든 자들을 가까이 하시는도다"

– 시편 145:18

"귀를 심으신 분이 듣지 아니하시겠느냐?

눈을 만드신 분이 보지 아니하시겠느냐?" – 시편 94:9

우리 모두 고난이 올 때 주님이 준비해 놓으신 기도학교에서 조용히 기도를 배우자. 그리고 기도의 용사로 새롭게 되자. 이 세상에서 사탄이 제일 무서워하는 사람은 기도하는 사람이다.

주님은 우리의 고난을 통하여 주님과 좀 더 깊이 교제하며 골방의 기도의 사람이 되기를 간절히 원하신다. 잠시 후 기도에 응답하셔서 그로 하여금 어떤 영적 전쟁터에서도 두려움 없이 싸우는 강한 하늘나라의 하나님 군사로 서게 하신다.

고난이 우리에게 주는 유익은 이루 말로 다 표현할 수 없다. 이 과정을 거친 사람들이 위대한 하나님의 사람으로 우뚝 섰다.

바울, 다윗, 다니엘, 요셉….

우리는 늘 고난을 두려워한다.

그러나 두려워할 필요가 없다.

어떤 고난이라도 반드시 끝은 있다.

주를 향한 고난의 눈물에도 반드시 보상과 축복이 있다.

눈물은 우리의 눈을 맑게 하고 영혼을 밝게 한다.

그리고 풍요로운 보상과 상급으로 되갚아 주신다.

아울러 우리가 고난을 두려워할 필요가 없는 이유는

주님은 늘 우리가 감당할 수 있는 시험만

허락하신다는 것이다.

"사람이 감당할 수 있는 시험 외에는 너희가 당한 것이 없나니,

하나님께서는 신실하셔서 너희가 감당할 수 있는 것 이상으로

시험을 당하지 않게 하시고

시험을 당하면 피할 길도 마련하셔서

너희로 능히 감당케 하시느니라" – 고린도전서 10:13

하나님은 당신의 자녀가 얼마만큼의 고난의 짐을 질 수

있는지 누구보다 잘 알고 계신다. 그러므로 우리에게 허락하신 모든 고난은 능히 우리가 감당할 수 있을 정도이며 시험당할 즈음에 피할 길을 내사 우리로 능히 감당하게 하시는 분이 우리를 사랑하시는 하나님이시다

고난에는 분명한 하나님의 계획과 목적이 있다.
그러므로 어떤 고난을 만나도 낙심하지 말자.
마침내 우리에게 복을 주기 위함이기 때문이다.
주님이 이스라엘 백성을 크고 무서운 광야 길, 불뱀과 전갈이 있는 곳, 가뭄이 있는 곳으로 이끌고 가셨지만 그곳에서 부싯돌에서 물을 먹이시고, 조상이 알지 못하던 만나를 먹이심으로 하나님의 살아계심과 능력을 이스라엘 백성들에게 나타내 보이셨다.

바울은 이 부분을 이렇게 표현했다.
"그가 이같이 큰 사망에서 우리를 건지셨고
또 건지실 것이며 이후에도 건지시기를 그에게 바라노라"
– 고린도후서 1:10

과거 우리를 건지셨고, 현재 건지고 계시며, 미래에도 건져주신다.
고난에 대한 하나님의 계획은 고난을 통과한 후 결과적

으로 선을 행하게 하시기 위함이었다.

개역 개정 성경에는 '복을 주시기 위함'이라고 번역했다. 그리고 킹제임스 성경에서는 '선을 행하게 하기 위함'이라고 번역했다.

[개역개정] "네 조상들도 알지 못하던 만나를 광야에서 네게 먹이셨나니 이는 다 너를 낮추시며 너를 시험하사 마침내 네게 복을 주려 하심이었느니라" – 신명기 8:16

[한글 킹제임스] "주께서는 너로 크고 무서운 광야를 지나도록 인도하셨으며, 그곳은 불뱀들과 전갈들과 가뭄이 있고 물이 없는 곳인데도 부싯돌 바위에서 너에게 물을 내셨고, 주께서는 광야에서 네 조상이 알지 못하는 만나로 너를 먹이셨으니, 이는 주께서 너를 겸손하게 하시고 시험하시어 종국에 가서는 너로 선을 행하게 하심이며" – 신명기 8:15-16

원문은 '야타브 yatab : 잘되다, 성공하게 되다'의 의미이다.

고난의 결과는 우리를 잘 되게 하기 위함이며 우리를 번성케 하기 위함이다.

다시 강조하지만 하나님은 우리 모두에게 감당할 시험만 허락하신다. 하나님은 자신의 자녀가 얼마만큼의 짐을 질 수 있는지 잘 알고 계시기에 우리의 인생에 넘지 못할 고난의 산은 없다.

이제 팔자를 논하며 환경을 원망하는 그런 성도는 없기를 바란다. 당당히 믿음으로 고난과 맞서 주님의 고난의 학교에서 많은 것을 경험하고 배워서, 고난의 유익을 통해 땅의 사람들이 하늘의 사람들로, 육의 사람들이 영적인 사람들로 변화되기를 간절히 기도한다.

주님과 좀 멀어진 성도들이라면 다시 주님과의 교제가 충만해지는 하루하루의 삶이 되기를 원한다.

곧 주님이 다시 오신다.

그날까지 신실한 하나님의 사람들로 주님 앞에 서있기를 소망한다. 할렐루야!

큰 고난 중에서도 주님을 바라보며

강덕병 목사님은 제가 한국교회에서 만난 목회자들 중에서도 가장 존경하는 한 분입니다. 강 목사님이 목회하시는 서울중앙복음교회를 방문할 때마다 느낀 것은 강 목사님은 성경대로 말씀을 바르고 정확하게 증거할 뿐만 아니라 성경의 가장 중요한 메시지인 구원의 복음을 잘 전해서 말씀을 받는 교인들이 먼저 구원을 받아 삶의 변화를 받고 교회와 세상을 섬긴다는 것입니다. 강 목사님은 누구에게도 인정받으려 하지 않고 어떤 세상적인 명예나 물질과는 전혀 무관한 예수님과 같이 자신을 낮추어서 오직 성도들을 섬기고 사랑하는 이 시대의 귀한 목회자이십니다.

강덕병 목사님이 이번에 쓴 「큰 고난의 산을 넘어서」는 지난 10여 년간 간경변으로 어려움을 겪다가 얼마 전 사모님의 간을 이식받고 수술실에서부터 중환자실, 그리고 일반 병실에서 주님이 가르쳐 주신 체험적인 말씀들을 퇴원 후 10주일에 걸쳐 설교하신 후 정리하여 책으로 내놓은 것입니다.

이 세상의 모든 사람은 고난의 산 앞에서 살아가고 있습니다. 그 고난의 산 앞에서 낙심하고 좌절하는 사람들이 많이 있습니다. 그러나 예수님을 구주로 영접한 구원 받은 사람들은 하나님의 말씀을 의지하고 하나님을 더 사랑하고 더 가까이하는 기회로 삼으며 위로와 힘을 얻으며 살아갑니다.

강 목사님은 이 책에서 하나님의 말씀을 인용하여 "우리 인생의 삶에는 어떤 고난의 산이라도 하나님께서 감당할 것만 허락하시고 기도할 수 있는 특권이 있기 때문에 넘지 못할 고난의 산이 없다는 확신을 가져야 한다"라고 말씀하고 있습니다.

큰 고난 중에서도 주님을 바라보며 믿음으로 승리한 강덕병 목사님의 성경적이고 체험적인 하나님의 말씀의 메시지가 아직 구원의 확신이 없고, 낙심 가운데서 눈물을 흘리고 염려하는 분들에게 전해져 예수 그리스도 안에서 구원의 확신과 위로를 얻는 신앙적 축복이 있기를 간절히 소망합니다.

김연택 박사
트리니티 국제대학교 총장

하나님의 복음이 나의 복음으로 체험되다

나는 '하나님의 복음'(롬 1:1)이 결국 '나의 복음'(롬 16:25)으로 옮겨 오는 이른바 객관적 복음이 주관적 복음으로 안겨지는 체험 목사로서 강의와 설교를 하고 있으며(나도, 강덕병 목사도) 하늘나라 가기 직전까지 할 예정이다.

이렇게 늘 강 목사가 오래 살기를 바라는 마음인데 얼마 전 "소천 5분 전까지 갔었다"라는 말을 들었다.

간이식 적합 검사 결과 어느 혈육도 맞지 않고 오로지 아내의 간을 선물 받아 성공적으로 수술했다는 이야기를 듣고 하나님께 깊이 감사의 기도를 드렸다.

강덕병 목사는 유명하지 않은 작은 교회의 보통 목사다.

강 목사의 「큰 고난의 산을 넘어서」는 신학서가 아니라 경건한 신앙 간증 고백서로서 내가 이 귀한 책의 추천서를 쓴다는 것은 나의 영광이다.

나는 "이런 고난을 겪지 않고도 충분히 은혜 복음을 체험했고 전하는 목사인데 왜 이러실까?"라고 생각했다.

그에 대한 답은 그의 책 어느 구절로 대신한다.

「신앙생활은 늘 환경과 하나님의 약속의 말씀 사이에서 갈등한다. 분명한 것은 환경은 허상이지만 약속의 말씀은 실상이다.

어떤 환경 속에서도 우리가 굳게 붙들어야 할 것은 하나님의 약속의 말씀이다.

환경이라는 바다는 수시로 변하지만 하나님의 말씀은 변치 아니하며 반드시 성취되기 때문이다.

"하나님은 사람이 아니시니 거짓말하지 않으시며, 또 사람의 아들이 아니시니 후회가 없으시도다. 그분이 말씀하신 것을 행하지 않으시랴? 또한 이르신 것을 이루지 않으시랴?"(민수기 23:19)

모든 고난은 변장하고 찾아오는 축복이며 고난에는 반드시 하나님의 계획과 뜻이 있다. 이 고난의 시간은 하나님이 복 주시기 위하여 당신을 특별히 붙잡고 있는 시간이다.

당시에는 알지 못하지만 큰 고난의 산을 넘고 나면 우리는 그 시간이 얼마나 복되고 유익했는지 깨닫게 된다.」

강덕병 목사는 "그런즉 선 줄로 생각하는 자는 넘어질까 조심하라"(고전 10:12)라는 말씀을 계속 묵상하며 살아갈 것이라고 생각하며 「큰 고난의 산을 넘어서」를 진심으로 추천한다.

권혁봉 목사
(전) 수도침례신학교 학장 / (전) 침례신학대학교 교수

시편 41편 3절 말씀의 참된 증인
Indeed a testimony to Psalm 41:3

It is my sincere privilege to write this letter of recommendation on behalf of my dear brother in Christ, Dr. Deok Byoung 'David' Kang.

Pastor Kang is a true partner in the Gospel of Jesus Christ. We share roots in South Korea, where I was born and raised, the son of Rev. John and Joyce Rathbun, missionaries with The Evangelical Alliance Mission(TEAM). My parents arrived in Korea in 1961 and were involved in such ministries as Kwandong University (where my father served as President), JOY Club/Mission, Word of Life Press, and FEBC Radio (where my father was Director).

Pastor Kang is not only the fruit of TEAM's legacy, but also carries on TEAM's legacy in Korea as he faithfully pastors Seoul Central Evangelical Church. Since 2014 we have shared "fellowship in the gospel"(Philippians 1:5). I was privileged to attend the conferral of his Doctor of Ministry Degree in California in 2019. He chose as the topic of his thesis the TEAM MISSIONS WORK AND SOCIETAL INFLUENCE IN KOREA(from 1953-1995).

Having observed and ministered together closely since 2014, I can say that he preaches God's word with clarity, follows God's leading obediently, leads God's people humbly, and trusts in God wholeheartedly. He lives up to his English name 'David' -- a man after God's own heart. I first got to know him when he and his wife graciously hosted my family for a two-week visit to Korea, showing me around the land of my birth and parents' ministry. Over the years since then he has welcomed me to Korea and selflessly transported and translated for me on numerous visits, enjoying rich fellowship as we shared over meals. He has invited me to preach at his church numerous times and he and his wife have hosted me in their home on many occasions. We have been sightseeing together from Anmyeondo to Gangneung, from Paju to Jeju. We have prayed together, worshipped together, laughed together. We grieved together at the funeral of church members and celebrated together his son's wedding in Seoul and my niece's wedding in Fairbanks, Alaska, where he officiated. Indeed he is like family to our family and like a brother to me.

Pastor Kang writes about the mountain of hardship not simply theoretically or theologically, but experientially --- from his own painful personal experience. Like Jesus, "he learned obedience from what he suffered"(Hebrews 5:8). Like Job, Pastor David Kang acknowledges to God, "My ears had heard of you, but now my eyes have seen you"(Job 42:5-6). Like the Apostle Paul, he glories in his sufferings, because he knows that, "suffering produces perseverance; perseverance, character; and character hope"(Romans 5:3-4). Walking with him on this path of suffering has been his faithful wife who donated part of her own liver.

Wrapping up his book, Pastor Kang asks the familiar question, "Why does God make us go over the mountain of great hardship … of suffering?" He offers some biblical explanations that resonate with our experience and that offer hope for those facing the mountain of hardship and suffering.

It is hard to imagine the spiritual benefits of suffering if one has never experienced it. Personally, I can relate to the suffering of which Pastor Kang speaks. My wife and I lost our infant son to a congenital heart defect and my wife passed through the suffering of breast cancer. We affirm Paul's words, "I want to know Christ -- yes, to know the power of his resurrection and participation in his sufferings ⋯."(Philippians 3:10). Intimacy with God can not fully be experienced without suffering.

Pastor Kang is indeed a testimony to Psalm 41:3. The Lord has sustained him on his sickbed and is restoring him from his bed of illness. In his book he concludes, like the psalmist David, that "it was good to be afflicted so that I might learn your decrees"(Psalm 119:71). May we respond to suffering and hardship in such a way that we fulfill what God desires of us: to move from being carnal to spiritual, to realize the Lord's great love for us, to awaken from our spiritual slumber, to be sanctified, and to learn to pray.

Rev. Jim Rathbun
Deputy Senior Director for East Asia
The Evangelical Alliance Mission (TEAM)

그리스도 안에서 사랑하는 나의 형제, 덕병 David Kang 박사를 위해 추천서를 쓰게 된 것은 제게 큰 특권입니다.

강 목사님은 예수 그리스도의 복음 안에서 참된 동역자입니다. 우리는 한국에서 뿌리를 함께 하고 있습니다. 저는 복음주의 동맹 선교회(TEAM: The Evangelical Alliance Mission) 선교사인 John과 Joyce Rathbun의 아들로 한국에서 태어나 자랐습니다. 제 부모님께서는 1961년에 한국에 오셨고, 관동대학교(아버지께서 대학 총장을 역임), 죠이 선교회(Joy Mission), 생명의말씀사, 극동방송(방송국 국장으로 역임) 등 여러 사역들에 관여하셨습니다.

강 목사님은 팀(TEAM)의 유산의 열매일 뿐만 아니라, 서울 중앙 복음 교회에서 신실하게 사역하시면서 한국에서 팀의 유산을 이어나가고 있습니다. 2014년 이후로 우리는 '복음에 동참'하는 일을 함께 해왔습니다(빌 1:5). 2019년에는 캘리포니아에서 강 목사님의 목회학 박사 학위(Doctor of Ministry Degree) 수여식에 참석하는 영광을 누렸습니다. 강 목사님은 TEAM 선교회의 한국사역과 한국사회에 끼친 영향력(1953년~1995년)을 그의 논문 주제로 선택했습니다.

2014년 이후부터 가까이서 지켜보고 함께 사역해 온 결과, 강 목사님이 하나님의 말씀을 명확하게 전하고 있으며, 하나님의 인도하심을 순종하며 따라가고, 하나님의 백성들을 겸손하게 인도하며, 전심으로 하나님을 신뢰한다는 사실을 알 수 있었습니다. 그는 '다윗(David)-하나님 마음에 맞는 사람'이라는 자신의 영어 이름에 걸맞게 삽니다.

　내가 처음으로 그를 알게 된 것은 2주 동안 한국을 방문한 우리 가족을 강 목사님과 그의 아내가 은혜롭게 대접해 주었던 때입니다. 내가 태어났던 곳과 부모님께서 사역하셨던 곳을 두루두루 돌아보게 해 주었습니다. 그때 이후로 여러 해에 걸쳐 한국에 온 나를 환영해 주었고 사심 없이 수많은 방문처로 이동할 수 있게 해 주며 통역을 해 주었습니다. 우리는 식사를 함께하며 나누었던 풍성한 교제를 즐거워했습니다. 강 목사님은 그의 교회에서 설교를 하도록 나를 여러 번 초대했으며, 수차례 집에서 접대해 주었습니다. 우리는 안면도에서 강릉으로, 파주에서 제주도로 함께 관광을 하기도 했습니다. 우리는 함께 기도했으며, 함께 예배를 드렸고, 또 함께 웃었습니다. 교회 성도들의 장례식에서 함께 애도했으며, 서울에서 있었던 그의 아들의 결혼식에서 함께 축하했고 알래스카의 페어뱅크스에서 있었던 내 조카의 결혼식에서 강 목사님이 주례를 서며 함께 축하를 나누었습니다. 참으로 그는 우리 가족에게 가족이나 다름없으며 내게는 형제나 다름없습니다.

강 목사님은 그저 이론적으로나 신학적으로 고난의 산에 관한 글을 쓴 것이 아니라 경험에서 우러나온 --- 자기 자신의 고통스러운 개인적 경험을 토대로 글을 썼습니다. 예수님처럼, "그는 고난받은 일들로 순종을 배웠습니다"(히브리서 5:8). 욥처럼, 강 다윗(David Kang) 목사님은 하나님께, "내가 주에 대하여 귀로만 들었사오나 이제는 내 눈으로 주를 보나이다"라고 인정합니다(욥기 42:5-6). 사도바울처럼, 강 목사님이 그의 고난 중에 기뻐하는 것은 그가 "환난은 인내를 이루고 인내는 연단을, 연단은 소망을 이룬다"라는 사실을 알고 있기 때문입니다(로마서 5:3-4). 이 고난의 길에서 그의 충직한 아내는 자신의 간의 일부를 기증해 주며 동행했습니다.

책을 마무리하며, 강 목사님이 "하나님께서 왜 우리로 하여금 큰 고난, 고통의 산을 넘어가게 하시는 걸까요?"라는 친숙한 질문을 던집니다. 우리의 경험을 드러내는 성경적인 설명을 제시하며, 또 고난과 고통의 산을 마주하고 있는 이들에게 소망을 주고 있습니다.

한 번도 경험해 보지 못한 사람이라면 고통에서 얻는 영적 이익들이 무엇인지 상상하기란 어려운 일입니다. 개인적으로, 저는 강 목사님이 말씀하시는 고통과 연관이 있다고 하겠습니다. 제 아내와 저는 선천성 심장병으로 태어난 우리의 어린 아들을 잃었고, 제 아내는 유방암의 고통을 감내해야 했습니다. 우리는 "내가 그리스도를 알고 그의 부활의 능력과 그의 고난의 교재를 알기를 원한다"라고 했던 바울의 말에 공감합니다(빌립보서 3:10). 하나님과 친밀하게 되는 일은 고난 없이는 온전히 경험할 수 없는 일입니다.

강 목사님은 시편 41편 3절의 참된 증거입니다. 주님께서 그를 그의 병상에서 힘을 돋우셨으며 그의 병든 때에 그의 모든 침상을 고치시고 계시기 때문입니다. 그의 책에서 그는 시편 기자인 다윗처럼, "내가 고난을 당한 것이 내게 좋사오니 이는 내가 주의 규례들을 배우게 되기 때문이니이다"라고 끝을 맺습니다(시편 119:71). 우리도 하나님께서 우리에게서 바라시는 것을 완수하는 것과 같은 방식으로 고난과 고통에 반응하기를 바랍니다. 이를테면 육신적인 삶에서 영적인 삶으로 바뀌는 것, 우리를 향한 주님의 크나큰 사랑을 깨닫는 것, 우리의 영적인 잠에서 깨어나는 것, 거룩하게 되는 것, 기도하는 것을 배우는 것입니다.

TEAM 선교회 동아시아 수석 국장
Jim Rathbun 목사

그분의 계획을 성취하시는 이야기
God Working out His Plan in the Life

In my time as missions pastor at Westover Church, we have sent several teams to work in Korea and we have received the blessing of partnership with Dr. Deok Byoung "David" Kang on these occasions, serving some of "the least of these" people that Jesus loves so much (Matthew 25:40). Pastor Kang is a living example of Christ to the world and his humble service continues to remind all who have served with him of the servant-like attitude of the Lord Jesus Christ.

The Journey that he has experienced with the Lord sheds light on the meaning of the Apostle Paul's heartfelt plea to "know Christ···and the fellowship of His sufferings" (Philippians 3:10). Experiencing what might turn many to question the Lord, Pastor Kang looks deeply into the heart of our heavenly Father and finds the meaning of true fellowship with Him. May the Lord of infinite love add His blessing to your reading of the journey of this dear man of God.

웨스트오버 교회(Westover Church)에서 선교 담당 목사로서 섬기던 시기에, 우리는 한국에서 일할 여러 선교팀을 보냈으며, 이때 강 (데이비드) 덕병 박사님과 함께 동역하는 축복을 받았는데, 그는 예수님께서 아주 많이 사랑하시는 "이 지극히 작은" 자들을 섬겨 주셨습니다(마태복음 25:40). 강 목사님은 세상에 그리스도의 살아 있는 표본이며, 그의 겸손한 섬김은 그와 함께 동역했던 모든 이들로 하여금 주 예수 그리스도께서 종처럼 스스로를 낮추신 모습을 계속 떠오르게 합니다.

강 목사님이 주님과 함께 경험한 여정은 그리스도를 알고… 그의 고난의 교제를 알고자 하는 사도 바울의 간절한 청원의 의미를 분명하게 보여주고 있습니다(빌립보서 3:10). 많은 사람들이 주님께 의문을 제기할 만한 일을 경험하면서도, 강 목사님은 하늘에 계신 아버지의 마음을 깊이 들여다보며 그 분과의 참된 교제의 의미를 발견합니다.

끝없는 사랑의 주님께서, 여러분이 하나님께서 소중히 여기시는 이 분의 여정을 읽을 때 축복을 더해 주시기를 바랍니다.

Dr. David Harrop
Global Ministries Pastor / Westover Church
Greensboro, NC USA

남편을 위한 무릎 기도문

사랑하는 남편의
신앙, 건강, 성공 등을
이루게 하는 아내의 기도서!

아내를 위한 무릎 기도문

아내를 끝까지 지켜주는
남편의 소망, 소원,
행복이 담긴 기도서!

워킹맘의 무릎 기도문

좋은 엄마/좋은 직원/
좋은 성도가 되기이해
노력하는 워밍맘의 기도서!

손자/손녀를 위한 무릎 기도문

어린 손주 양육에
최선을 다하는
조부모의 손주를 위한 기도서!

자녀의 대입합격을 위한 부모의 무릎 기도문

자녀 합격을 위한
30가지 주제와
30일간 기도서!

대입합격을 위한 수험생 무릎 기도문

수험생을 위한
30가지 주제와
30일간 기도서!

태신자를 위한 무릎 기도문

100% 확실한 전도를 위한
30일간의 필수 기도서!

새신자 무릎 기도문

어떻게 믿어야 할지 모르는
새신자가 30일 동안 스스로
기도하게 하는 기도서

교회학교 교사 무릎 기도문

반 아이들을 위해
실제로 기도할 수 있게 하는
교회학교 교사들의 필수 기도서!

선포(명령)기도문

소리내 믿음으로 읽기만 해도
주님의 보호, 능력, 축복,
변화와 마귀를 대적하는
강력한 선포기도가 됩니다!

망망한 바다 한가운데서 배 한 척이 침몰하게 되었습니다.
모두들 구명보트에 옮겨 탔지만 한 사람이 보이지 않았습니다.
절박한 표정으로 안절부절 못하던 성난 무리 앞에 급히 달려 나온 그 선원이
꼭 쥐고 있던 손바닥을 펴 보이며 말했습니다.
"모두들 나침반을 잊고 나왔기에…"
분명, 나침반이 없었다면 그들은 끝없이 바다 위를 표류할 수 밖에 없을 것입니다.

우리는 삶의 바다를 항해하는 모든 이들을 위하여
그 나침반의 역할을 하고 싶습니다.
우리를 구원하신 위대한 주 예수 그리스도를 널리 전하고 싶습니다.

"하나님은 모든 사람이 구원을 받으며
진리를 아는 데에 이르기를 원하시느니라"
(디모데전서 2장 4절)

큰 고난의 산을 넘어서

지은이 | 강덕병 목사
발행인 | 김용호
발행처 | 나침반출판사

제1판 발행 | 2020년 11월 10일

등   록 | 1980년 3월 18일 / 제 2-32호
본   사 | 07547 서울특별시 강서구 양천로 583
         블루나인 비즈니스센터 B동 1607호
전   화 | 본사 (02) 2279-6321 / 영업부 (031) 932-3205
팩   스 | 본사 (02) 2275-6003 / 영업부 (031) 932-3207
홈   피 | www.nabook.net
이   멜 | nabook365@hanmail.net
일러스트 제공 | 게티이미지뱅크

ISBN 978-89-318-1602-0
책번호 가-9080

값은 뒷표지에 있습니다.